初めまして、
青木瞭です。

初めまして、
青木瞭です。

Contents

Special Re:record

初めまして、青木瞭です。

TV LIFEにて、2021年9月から約1年間続いた連載
「初めまして、青木瞭です。」を再録。青木さんが
さまざまな"初めて"に挑んだ全25回をプレーバックします！

Contents

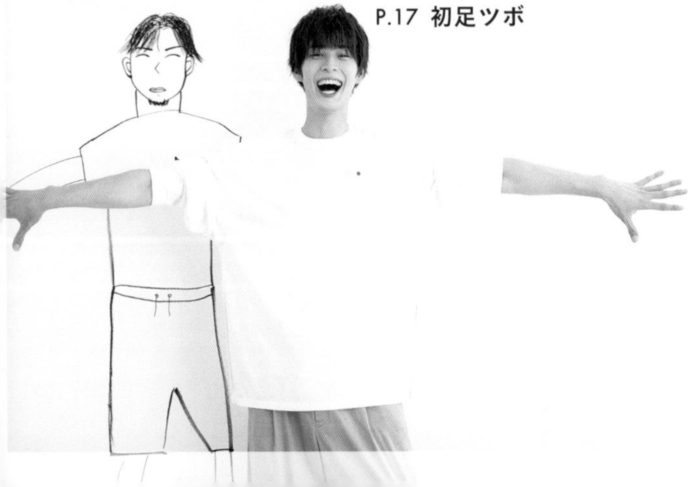

”ありのままの僕の姿を
見てもらえたらうれしいです“

Special Re:record

Vol.0

初回インタビュー

皆さん初めまして！　あらためまして青木瞭と申します。この連載では今まで僕がやったことのない初めてのことに挑戦する姿を通して、意外な一面や新たな魅力をお伝えできたらと思っています。普段の僕は常に明るくて何事も楽しんで取り組めるタイプ。日ごろから笑うことを大切にしているので、周りの方からも「いつも楽しそうだね」と言われることが多いです。僕のことを既に知ってくださっている方はもちろん、連載を通して知ってくださる方も多いと思うので、持ち前の明るさを生かしてありのままの僕を見ていただけたらいいなと思います。連載が始まると聞いたときは「僕でいいんですか？」とびっくり。でもそれ以上にうれしさが勝って大興奮しました（笑）。今後挑戦したいのはスポーツ。全般的に練習すればできると思うのでＮＧはありません！　ただしできるかは別として…（笑）。僕にとって人生初の連載企画。一回一回を大切に全力で楽しむ姿をぜひご覧下さい！

Special Re:record

Vol.1
初イラスト

”苦手だけど頑張ります！“

1.「ファンの皆さんにイラストをお見せするのは初めてです」と青木さん。気合十分！

お手並み拝見！

2.「まず猫から描いてみます」と描き始めるも、「ヤバいかもしれない！」と焦り笑い

Q.“初イラスト”を終えて

絵を描くことに関しては以前から苦手意識があったので、ずっと避けてきたんです。でも今回10年ぶりくらいに描いてみて、イヌやゾウは意外とうまく描けたので自己採点は60点くらいかなと。でも自画像は100点中1点…。うまくバランスが取れなくて、人間を描くことの難しさを痛感しました（笑）。自分の描いた絵が大勢の方に見られると思うと恥ずかしさもありますが、温かい目で見ていただけるとうれしいです（笑）。

3.「実はお題で猫が出ると思ってネットで調べたんです。でもこのクオリティ！」と爆笑

4.「動物って意外と足が難しいんですよね」と。集中している時の口元が何だかかわいらしい

5.「首が太いな」「ヒゲみたいになっちゃったから生えてることにしよう」などと独り言をぼつり

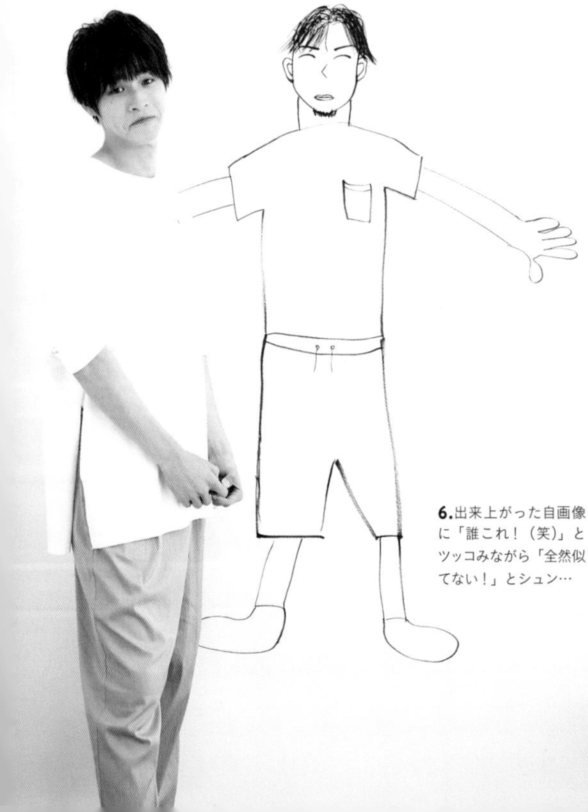

6.出来上がった自画像に「誰これ！（笑）」とツッコみながら「全然似てない！」とシュン…

Q.今回の満足度は？

もちろん100％です！　新しいことに挑戦させていただけたことがうれしかったですし、童心に帰ったような気分になれました。今、スタッフさんから連載の終盤でもう一度描いてみては？　とご提案いただきましたが…それは1回分がもったいないので遠慮しておきます（笑）！

Special Re:record

Vol.2

初ハーバリウム

”初めてにしてはかなりいい出来だと思います“

Q.“初ハーバリウム”の満足度は？

とにかく楽しかったです！　手先を使った細かい作業が好きなので、作っている時は思わず無言になってしまうほど集中して楽しめました。花を入れる順番や全体のバランスには悩みましたが、どちらも個性的かつ対照的な作品に仕上がったので満足度は100%。２本とも持って帰って家に飾りたいです！

1.数種類のドライフラワーを前に「かわいい！どれにしようか迷うな〜」と青木さん

2.スタッフがセレクトしたBGMがヒーリング音楽だったことに気づき「斬新（笑）」と爆笑

3.どんなに細かい作業でも集中力は◎。小さな花を細くカットするのもお手の物！

4.瓶に花を詰めて、ある程度形になったら、オイルを入れる前に位置を微調整。今日イチ真剣な表情です！

5.一本目を作り終えた後、実はもう一本作ってくれた青木さん。「めちゃくちゃ楽しい！」と終始笑顔でした！

タイトル
「陰と陽」

黄色の花が絶妙な渋さを醸し出しているんですよね。以前『仮面ライダーセイバー』の現場で「女性はキラキラしたものが好きなんじゃないか!?」という話をしたことを思い出したので、花の下にポイントとして黄色いビーズを入れてみました（笑）。

完成！

タイトル
「一輪の花」

材料を見た瞬間、今回メインにした赤い花が一番に目に入ったんです。色がきれいだなと思ったので、この花を目立たせるために周りにはシンプルな素材を置きました。イメージは森の中に咲いている一輪の花。初めてにしてはかなりいい出来だと思います！

“デコレーションって
こんなにも楽しいんだと新発見”

1.「このビスケット、実は今朝も食べてきました（笑）」と青木さん。朝食後のおやつだったようです

2.「ハロウィーンといえばやっぱりお化け？」「ジャック・オー・ランタンもいいな」と何を作るか悩み中

Q. “初ハロウィーンスイーツ作り”の満足度は？

僕は小さいころから甘党で、ショートケーキならワンホール食べられるくらいスイーツが大好きなんです。時々家でお菓子作りもするんですが、デコレーションに凝ったことはなかったので「こんなにも楽しいんだ！」と新たな発見になりました。今度おうち時間にやってみたくなりましたし、満足度は100を超えて120%です！

Special Re:record

Vol.3

初ハロウィーンスイーツ作り

3.「ホラーっぽさを出すには…」と熟考。細部はつまようじを使って仕上げるなど、手付きはまるでプロ！

4.クッキーに顔を描くも「何か仮面ライダーみたいになっちゃいました（笑）」と苦笑い

Q. ハロウィーンに仮装するなら？

実は人生で一度も仮装をしたことがなくて。人混みが苦手なので、渋谷や新宿で行われるような大規模なイベントにも行ったことがありません。でも、今選ぶならあえて仮面ライダーや戦隊ヒーローに成り切るのも面白そうだなと（笑）。もし気づかれてしまったら恥ずかしいので、絶対に顔は見せません！（笑）

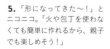

5.「形になってきた～！」とニコニコ。「火や包丁を使わなくても簡単に作れるから、親子でも楽しめそう！」

完成！

”自分の手でいれたことでよりおいしく感じました“

1.「今回のロケ、すごく楽しみだったんです！」と青木さん。レクチャー中は終始目を輝かせ、興味津々な様子

2. いれてもらったコーヒーを試飲。しばし言葉をためた後「めちゃくちゃおいしい！」とこの笑顔！

Special Re:record

Vol.4

初ハンドドリップ

3. 早速教えてもらったテクニックでドリップ開始。「豆の量はこのくらいで…」「一点いれってこうですか?」と確認しながら慎重に

Q. コーヒーを好きになったきっかけは？

正直覚えていないんですが、17、18歳のときにカフェラテやカフェオレにハマって。22歳くらいでいつの間にかブラックコーヒーが好きになっていました。もちろん味を楽しむことも好きなのですが、いれるまでの過程を知るのも好きで、動画を見て学んだテクニックを実践したりしています！

Q. 今回の満足度は？

コーヒーが大好きなので、おいしいコーヒーが飲めてうれしかったですし、自分の手でいれたことでよりおいしく感じました。いつも家で飲むときは機械に頼ってしまいがちで。豆の量やいれ方によって「こんなにも味が違うのか！」と驚きの連続でした。終始楽しくて、プロの方にレクチャーしていただいたことで知識も増やせたので、満足度は控えめに言っても120点です！

5. 撮影後は、今回使った豆の種類や分量などコーヒー好きならではのマニアックな話で盛り上がる場面も！

4. 初めて自分の手でいれたコーヒーを味わう青木さん。その味に感動し、スタッフに「飲んでみて！」と薦めていました

Special Re:record

Vol.5

初ラテアート

“今まで以上にコーヒーへの愛が深まった気がします”

1. 説明を受けている間も「ここはこうですか？」「コツって…？」などとスタッフさんを質問攻め！

2. タンピングに挑戦。エスプレッソの味にも影響を与える重要な工程だけあって「ドキドキする！」と

3. 実際にミルクを注いでみるも、イラストの描き方に苦戦。「全然アートじゃない…」と苦笑い

4. 1回目は残念ながら失敗。アドバイスを受けて再挑戦すると、今度は順調なようで「それっぽいぞ」とにっこり

5. つまようじで微調整をして完成！　スタッフから「上手！」という声が上がり、うれしそうな青木さんでした

Q. “初ラテアート”の仕上がりは？

点数で表すなら３点（笑）。コーヒーとミルクのマッチ度は100点なのですが、ラテアートの肝であるデザインが下手すぎて、お客様にお出しすることを考えるとこの点数かなと…（笑）。これまで連載を通して手先の器用さをお伝えしてきた僕ですが、器用であると胸を張って言えないくらい難しかったです。先程お店の方にラテアートに使えるお薦めの機械を教えていただいたので、買って練習を重ねたいと思います！

Q. 今回の満足度は？

満足度は過去一の150％！　コーヒーもおいしかったですし、何より今一番やりたいと思っていたことに挑戦できて本当にうれしかったです。ラテアートはデザインの美しさだけでなく、いれるまでの過程もすごく魅力的。特にタンピングというコーヒー粉を押し固める作業は、一見ただ固めているだけのように見えるかもしれませんが、実際にやってみるとシンプルながらも奥深さがあって。「すごい！」という言葉が止まりませんでした（笑）。今回自分で手いれをしたことで、今まで以上にコーヒーへの愛が深まった気がします！

Q. 撮影を終えて

「今いいかも！」と思ったときに自分のペースでシャッターを押せるのが新鮮でした。いいなと思う瞬間がいつだったかと聞かれると難しいのですが（笑）、自然体な姿をお見せしたかったのでふとしたタイミングを狙って押してみました！　いかがでしょうか？

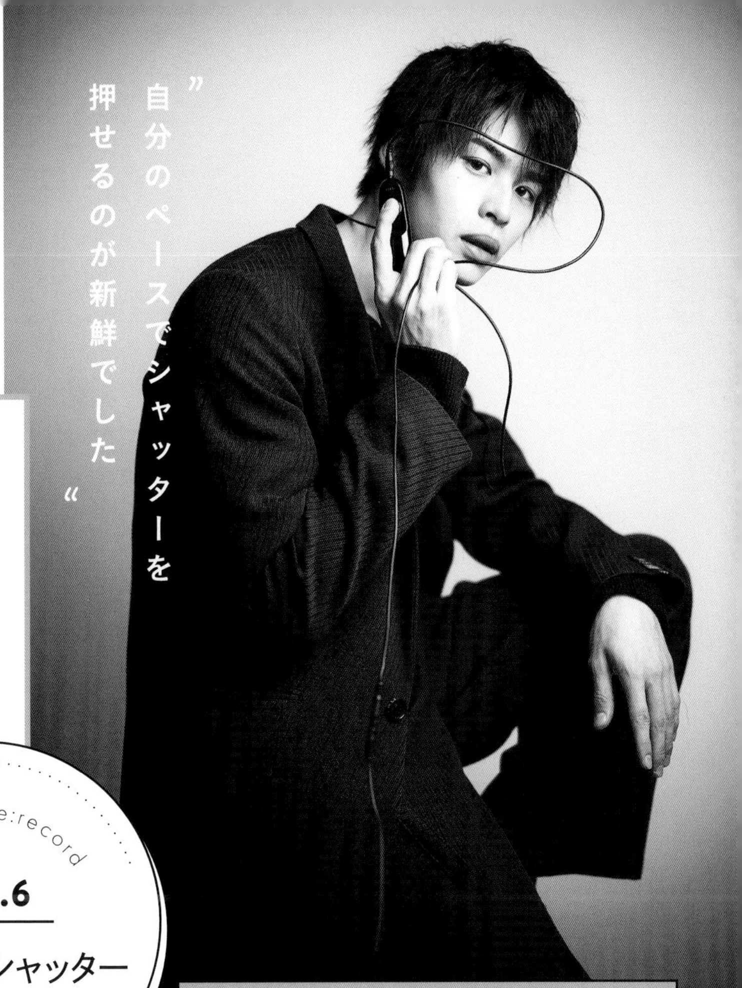

”自分のペースでシャッターを押せるのが新鮮でした“

撮影した写真はこちら！

1.ジャンプした瞬間を激写！表情もバッチリでスタッフから歓声が！

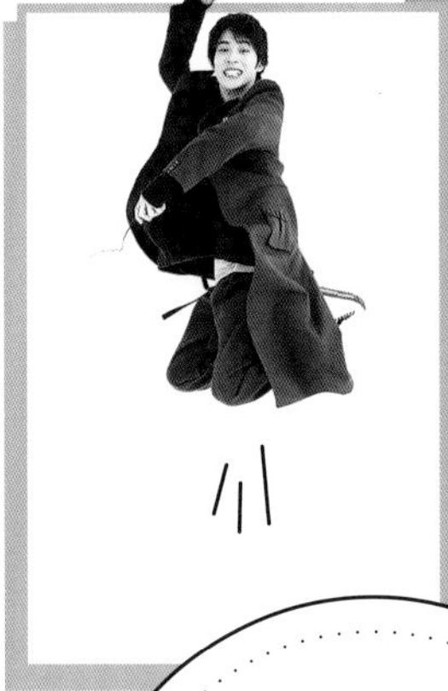

2.アップに挑戦。中でも青木さんの目に留まった一枚がこちらです！

Special Re:record

Vol.6

初セルフシャッター

3.「こういうのはどうですか？」と戸惑いながらハートを

Q. “初セルフシャッター”の満足度は？

今回も楽しかったので100点超えにしたいのですが…ここは厳しく、90点にします！　10点減点した理由は、もともと自己プロデュースが苦手でポージングを考えるのが難しかったから（笑）。表現のバリエーションを増やすためにも、もっともっと勉強しないといけないなと思いました。

4.「どう撮ろうかな…」と撮影の仕方に悩む姿も何だか決まっています

5.「お題ください！」と青木さん。“半分ハート”をお願いすると「今はこれが流行してるのか～」と驚き

7.「すてき！　長さもちょうどいい！」とお気に入りだった衣装のコートを生かしたポーズも

撮影の裏側は…

6.どアップ写真の撮影前。「どのくらい近づいたらいいんだろう？」と距離感を計測中

"サンタさんを信じていたのは5歳くらいまで（笑）"

Special Re:record

Vol.7

初クリスマスデコレーション

Q. クリスマスの思い出は？

４年ほど前にインフルエンザにかかってしまって、23日ごろから寝込んでいたんです。でも25日には復活してきたので「このまま何もなく終わるのも味気ないな…」と思い、ガトーショコラを作りました！　クリスマスを一人で過ごすのは寂しかったですが、おいしく出来たので良かったです（笑）。ちなみにサンタさんの存在を信じていたのは５歳くらいまで。幼いながらに現実的だったので、気づいた年からプレゼントをもらうのはやめました…。

Q. 今回の満足度は？

スタッフさんから「厳しめに…」と言われたので90点にします！　今回も楽しくやらせていただきましたが、眼鏡やカチューシャなど変わった飛び道具がたくさん出てきて、似合っているか心配だったのでちょっとだけ減点させていただきました（笑）。でも、こういうの嫌いじゃないです！

4.「やっぱりクリスマスのコスプレと言えばこれですよね！」とサンタ帽をチョイス

1.「オーナメントがいっぱいある！」とワクワクした様子の青木さん

5.「これはハードルが高い（笑）」と言っていた個性派眼鏡もバッチリ似合ってます！

3.ツリーの素材を使ったトナカイを発見し「何これかわいすぎる！」とにっこり

2.突如ツリーが倒れそうになるハプニングが！　ハンドパワーのように押さえていました（笑）

“形を作るよりも絵を描くことに苦戦してしまいました（笑）”

Special Re:record

Vol.8

初陶芸

Q. “初陶芸”の満足度は？

自分の手の動き次第で生地の厚さや形が変わっていく過程そのものが新鮮で、本当に楽しかったので150%です！　作品の完成度も100点！…と言いたいところですが、元の形を作るよりも絵を描くことに苦戦してしまい、全体のクオリティが下がってしまったような気がするので60点で…（笑）。本当は底の部分に草原や桜の木を描きたかったのですが、一筆目で失敗してしまい、塗りつぶしてごまかしました（笑）。

1.今回使用したのは電動ろくろ。大きめの陶器を作ることに決めた青木さんは「ドキドキする！　でも楽しみ！」と

2.形が大きく崩れることもなく、先生から「上手ですね」と褒められるほど順調な滑り出し

3.「形になってきた！」とちょっぴり興奮気味。ちなみに集中すると小指が立ってしまうそう（笑）

Q. 作った陶器はどう使う？

前回と前々回で学んだ知識を生かしていれたコーヒーを飲みたいです。自分で作った器を使って自分でいれたコーヒーが飲めるなんて、この上ない幸せですよね。あと意外と高さがあるのでバーニャ・カウダの器として使うのもありかも。下にクラッシュアイスを敷いてから野菜を乗せて、別皿にソースを添えれば雰囲気のある一品が出来そうだなと思いました。

4.しかしこの後絵付けがあると知り「絵で台無しになったら悲しいから、このままのほうがいい気がする（笑）」と

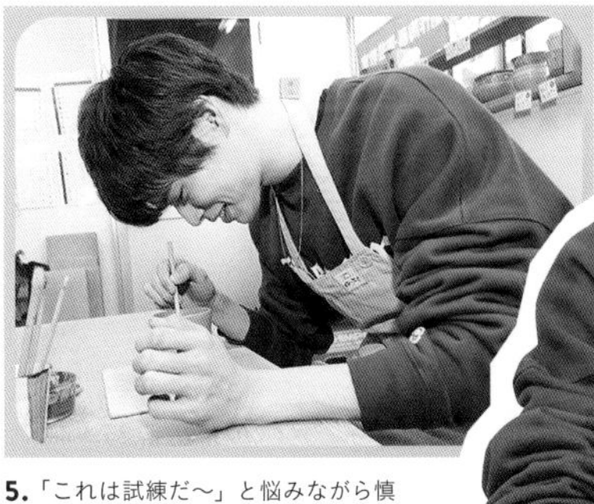

5.「これは試練だ～」と悩みながら慎重に描き始めるも「失敗した！　やっぱり絵って難しいな…」とぽつり

Special Re:record

Vol.9

初レザークラフト

”物作りが好きなんだなぁと実感できました“

1.まずは刻印スタンプを押す場所を考えながら下書き。「実際に使いたいからサイズが重要」と形は楕円をチョイス

Q. “初レザークラフト”体験の満足度は？

出来上がりをイメージしながら進めるという点はイラストと似ていて、想像力を働かせなければならなかったので難しかったのですが、スタンプの力を借りてきれいに作ることができました。配置を考えるところから色塗りまで、全ての工程でワクワクが止まらなくて「やっぱり僕は物作りが好きなんだなぁ」と実感できたので、満足度は150点です！

2.いざ本番でレザーに押してみると「すご！」とひと言。デザインはノリと勘で決めるそう

3.ふと静まり返った空間に気づき「集中しすぎてコメントするの忘れてた…」と（笑）

Q. プライベートでレザークラフト体験をするなら…

ミュージカル「テニスの王子様」で共演した、後藤大君と一緒に来たいです。彼は個展を開くほど絵が上手で色彩センスも優れているので、アドバイスをもらいながら大ちゃん（後藤）より上手に作りたいです（笑）。もし彼女が出来たら、デートで来るのも楽しそうですよね。愛情を込めて作った物を渡し合うって、なんだかロマンチックで憧れます！

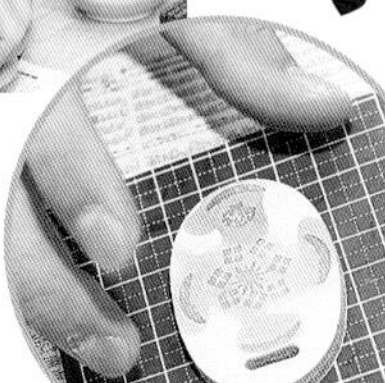

4.お次は染色作業。「使いこむと味が出そう」ということでこげ茶に決定！

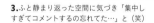

5.順調に色を塗り終え、完成！「早速家の鍵を付けたいです。これなら絶対なくしません！」とにっこり

1.まずはにじり口から茶室へ。約60㌢×60㌢ほどの小ささに「これ通れるかな…」と不安げ

2.本格的な茶室に「なんか緊張してきました…」と青木さん。「正座が苦手なので足がしびれないか心配です…」とも（笑）

3.今回は先生がたてたお茶を飲むことに。背筋をピシッと伸ばして説明に耳を傾けます

”一つひとつの過程に意味があると知って驚きました“

Special Re:record

Vol.10

初茶道

4.初めて目にしたお茶の色に「こんなにきれいな緑なんですね」と感動。ひと口飲んで「おいしい…！」と驚きの表情に

5.撮影後移動しようとすると青木さんの不安が的中！「やっぱりしびれちゃいました…（笑）」と苦笑い

Q. “初茶道”の満足度は？

僕はこれまで茶道をはじめとした和の伝統文化を体験したことがなかったんです。先生の所作を間近で見させていただき、その繊細さはもちろん、一つひとつの過程に意味があることを知って驚きました。全てが新鮮で楽しかったのですが、この厳かな茶室の中でたくさんの方に見られながらお茶を飲むことにドキドキしてしまい、楽しさよりも緊張が勝ってしまったので点数はジャスト100にします（笑）。

Q. 気になるお茶のお味は…？

実は僕、緑茶が苦手で。今回いれていただくお茶も「飲めないかも…」と心配だったんです。でもよくお茶の味の表現をするときに言われるようなえぐみや苦み、渋みが一切なく、甘さも感じられたので、とてもおいしく飲むことができました。まさに一度言ってみたかった「結構なお点前で…」という言葉がぴったりです！

“体験を通して人間性も成長できたと思います”

Special Re:record

Vol.11 初抜刀

Q. “初抜刀”の満足度は？

抜刀は大河ドラマや時代劇で何度か目にしたことがある程度。普段触れる機会のない真剣をいざ手にしてみるとその重みに驚かされました。斬り方だけでなく、所作や心構えも教えていただきましたが、中でも勉強になったのは言葉遣い。僕も普段からなるべく丁寧な言葉を使うようにと心掛けてはいたものの、自然と崩れてしまっていた部分があって。今日先生から指摘を受けて、言葉遣いも人となりを表す部分の一つであることに気づかされましたし、あらためて気をつけたいなと思いました。抜刀の動作自体も難しく巻きわらを斬るのにも苦戦しましたが、体験を通して人間性も成長できたと思うので満足度は160点。この経験を生かしていつか大河ドラマにも出演してみたいです！

1. 始まる前には先生から「職業は？」「芸歴は？」などの質問が。普段あまり聞かれない質問に少しタジタジ気味

2. まずは模擬刀の扱い方から。手の添え方など一つひとつ教わりながら先生の動きに食らいついていく青木さん

5. 先程より細いわらに変えて再挑戦。見事斬ることができ青木さんは「よかった〜」とひと安心していました

4. 真剣を手にいざ抜刀。人間の首の太さに近い巻きわらを斬るため、勢いよく刀を振りかざすも斬り切れず苦笑い

3. 刀の振り方を教わるうち青木さんの表情に変化が。先生も「真剣な目がいい。さっきより男前だ！」と大絶賛

“ これを機に自分で
ツボを押すのもありだなと
思いました！ ”

Special Re:record

Vol.12

初足ツボ

Q. “初足ツボ”の満足度は？

とても気持ちよくて150点！　と言いたいところなのですが、足を拭いていただくことへの罪悪感が大きすぎたので80点にします。普段人に足の裏を見せることもないですし、「匂いは大丈夫かな？」「角質はないかな？」といろいろなことが気になってしまって…（笑）。でも足ツボは人生初の経験で、こんなに気持ちいいものなんだと知ってびっくり。プライベートでも行ってみたいです！

Q. 不調ポイントは…

特に胃腸系が悪いとのことでしたが、確かに痛かったです（笑）。辛い物が好きでよく食べていますし、自炊をするときも唐辛子を入れることが多いからか胃が荒れ気味なのかもしれません…。今回施術中に押し方も教えていただいたので、これを機に自分でツボを押すのもありだなと思いました！

1.消毒中「人に足を拭いてもらうなんて申し訳ない…」と恐縮する青木さん。その後アロマオイルを使ったマッサージからスタート

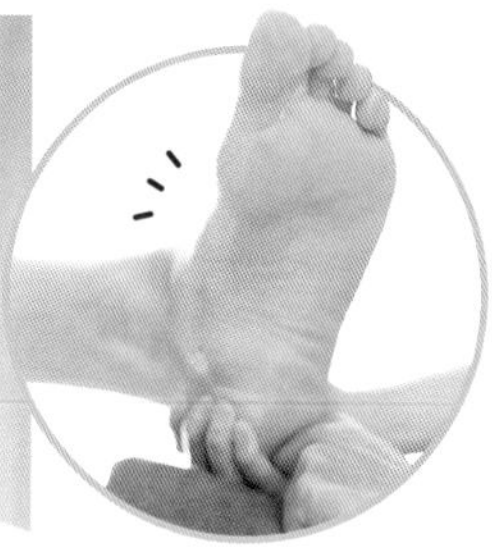

2. 傷や角質がないきれいな足裏にセラピストさんも驚き。ちなみに普段特別なケアはしていないそうです

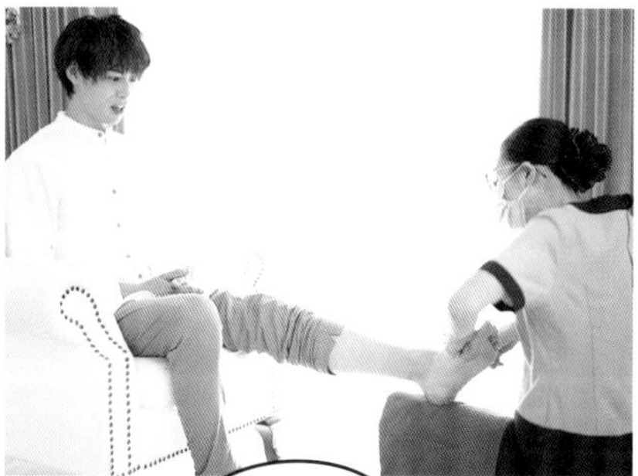

3. 指圧が少しずつ強くなるも、まだ“弱”だと聞き「これはヤバい予感がする」と何かを察した表情に

4. 予感的中！　指の腹から関節を使った押し方に変わると「これ大げさじゃなくてマジで痛い！」ともん絶！

5. 早速効果が出たのか「冷え性なのに足先がぽかぽかしてきました！」と最後は笑顔を見せていました

Special Re:record

Vol.13

初カメラ

”初心者の僕が上手に撮れたのはセンスではなく機材のおかげ（笑）“

1. 被写体は花。操作方法やライティングなどについてカメラマンからレクチャーを受ける青木さんの表情は真剣そのもの！

2. 「この角度よさそう！」「でも花全体がきれいに収まらなくて難しい…」と小さな声で独り言を言いながら試行錯誤

3. ライトで雰囲気を変えた撮影も。「ちょっとした操作でこんなにも変わるんですね！　すごい！」と驚いていました

4. 撮影した写真をチェック。「カメラって奥が深くて楽しいですね。欲しくなっちゃうな〜」とにっこり

お気に入りの写真はこちら！

タイトル「孤独」

もう一つの作品と違って、主役となる花にライトが当たっていないところが好きです。スタッフさんから提案していただいた“孤独”というワードがぴったりだと思ったので採用させていただきます！

タイトル「笑顔」

光の当たり方がきれいで、全体的な色味も明るくさわやかなところが気に入っています。花がはっきりと写っていることでつぼみからさらに花が開きそうな生命力が感じられるのもいいですよね。

Q.“初カメラ”の満足度は？

昔から自然のある場所に行くことが多いのですが、出掛けたときはスマホで一度に100枚以上撮影するくらい写真が好きなんです。でももっとうまく撮ってみたいという気持ちはあったものの、機械系が苦手でカメラには手が出せなくて…。今回はミラーレス一眼を使わせていただきましたが、まずその重さに驚きました。画質もきれいですし、初心者の僕が上手に撮れたのはセンスではなく機材のおかげだと思います（笑）。今回の挑戦でより一層写真に興味が湧いたので満足度は150点！　いつか自分用のカメラを買って、大好きな自然を撮りに行きたいです！

Season2 突入！

Special Re:record

Vol.14

初ヘアアレンジ

“青木流ゆるふわスタイルの完成です！”

Q. “初ヘアアレンジ”を終えてアレンジ力は☆いくつ？

★★★☆☆

普段はノーセットで過ごすことが多いんです。セットをするのは、結婚式などのイベントがあるときくらい。時々巻くこともありますが、つい巻きすぎたり動きをつけすぎてしまったりしてバランスが難しいんですよね。今回はうますぎず下手すぎず、いい塩梅に仕上がったと思うので仕上がりは70点。でもヘアメークさんにアドバイスを頂きすぎてしまい、仕上げのムースの分量まで決めてもらったので、自分の力かと言われると微妙かなと…(笑)。今後もっとうまくなりたいという希望も込めて☆3.5にします！

1. 貴重なノーセット姿を公開！　数あるアイテムの中から15ミリのヘアアイロンをチョイスし「不安だけど頑張ります！」と意気込みを

Q. ヘアスタイルのポイントは？

前髪です！　昔、少しずつ髪をとってアイロンの向きを一回ごとに変えながら巻いていくと簡単に仕上がると聞いたことがあり、実践してみました（笑）。このスタイルに名前を付けるなら…『青木流ゆるふわスタイル』。これといった特徴はないけど“流”と付けておけばOKなはず！（笑）

2. まずはブロッキングをして外ハネに。「アイロンを当てるときの入射角が大事なんですよね」と角度まで計算！

4. 少しずつ毛束をつかみながら細かいところまで微調整。「意外といい感じかも」と

3. スムーズに巻いていく姿にメークさんは「すごく上手。素質しかないです」と大絶賛。青木さんは思わず照れ笑い

こんなにやって大丈夫ですか⁉

5. 完成！　かと思いきや「全体的に思い切りほぐすといいですよ」というアドバイスを受けて勢いよくぐしゃり。「実験に失敗した人みたい(笑)」と青木さん

“犬が大好きなので
とにかく幸せな
時間でした！”

Special Re:record

Vol.15
初触れ合い

Q.触れ合い力は☆いくつ？

☆☆☆☆☆

今回一緒に散歩をしたスミレちゃんは、わんぱくそうに見えてマイペースなところがとてもかわいかったです。おやつを食べる前に必ずお手をしてくれる姿にもキュンとしました。僕はもともと犬が大好きで、その愛が伝わるのかどちらかと言うと犬に好かれるほうで(笑)。散歩を始めてすぐに突然立ち止まってしまったときは「大丈夫か…!?」と不安になりましたが、たくさん話しかけたかいあってか歩いてくれるようになりうれしかったです。スミレちゃんも心を開いてくれて、最終的には意思疎通ができたと思うので触れ合い力は★5つ！　とにかく幸せな時間でした！

1. 歩き出した直後、突然座り込んでしまったスミレちゃん。青木さんは「どうした〜？」と優しく声掛けを

2.「もう疲れちゃった!?　食べ物効果で歩くかな…」と急きょおやつタイムに。「食べてくれた！」と青木さんもうれしそう

3. 徐々に慣れてきたのかお手も。「“はいはい”って仕方なくお手をしてくれる感じもかわいい♡」とメロメロ

4. 順調に歩いていたものの、再び座ってしまうハプニングが。「おやつあるよ！　行こう！」と上手に誘導して歩いていました

5. 楽しい時間はあっという間。最後まで「今日はありがとうね〜」と言いながら別れを惜しんでいました

Special Re:record

Vol.16

初利き○○

“視覚の重要性を実感しました！”

Q. 判断力は☆いくつ？

☆☆☆☆☆

グミはかなり難しかったです。知っている味のはずなのに「見えないだけでこんなにも分からなくなるんだ」と視覚の重要性を実感しました。水は普段からよく飲んでいて、自信があったんです。試飲時にコップに入った水を見ることが出来たからか、グミよりも味の想像がしやすかったような気がします。でも全体を通しての正解率が悪すぎたので★は3.8…。もし今度違うお題でやるなら“利きワンコ”や“利き麦焼酎”をやってみたいですね。ワンちゃんは触れれば毛並みで犬種を当てられる自信があります！　焼酎は舞香や中々などの軽い味わいのものなら、全問正解を狙えるはず。でも最終ジャッジを下すころには酔いが回っているかもしれません…（笑）。

利きグミ編

1. 用意した４種類の味の中から、まずはぶどう味を。しかしなかなか答えは出ず…。

2. 別の味でも「全然分からない」と熟考。「オーバーリアクションをしようとしているわけじゃなくて本当に難しいです」と焦る

3. 最終問題で「これは分かったぞ～！　レモン！」とにっこり。４問中１問正解でした

利き水編

1. 「匂いをかいでもいいですか？」と香りを手掛かりにすることに。「なるほど…」と見当はついている様子

2. しかし、フェイクで用意した清涼飲料水が気になるようで「これだけなんか怪しい！」と疑いの目に

3. 正解を聞き「やっぱり！　合ってて よかった！」と安堵の表情を。自信があると言うだけあって、４問中３問正解！

Special Re:record

Vol.17

初セルフネイル

"指先が明るくなると手元が目に入ったときに気分が上がる！"

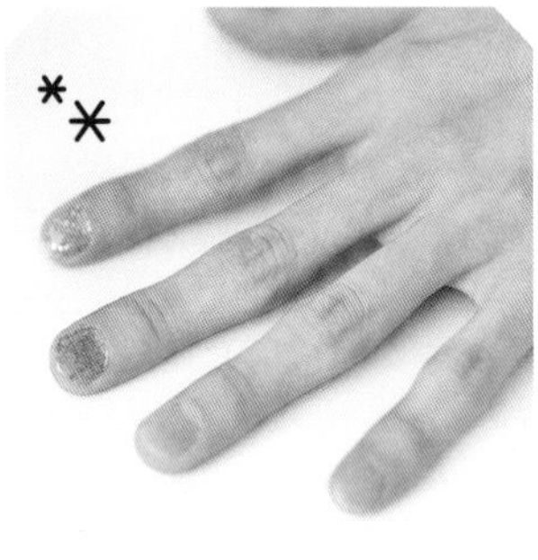

2. 塗り方が分からず苦戦する青木さん。「はみ出ないように塗るのが難しい」とのこと

3. ひととおり塗り終わった手元を見て「おお！　意外ときれいにできたかも！」とにっこり

4. 右手は単色に挑戦。ムラになってしまい「こっちは全然うまくいかない…」とこの表情

1.「こんなにいろんな種類があるんですね！　どうしよう」と悩みながら「これ映えそう！」とゴールドをチョイス

Q. 美的センスは★いくつ？

★★☆☆☆

今回は色のバランスを見てきれいに仕上げると言うよりも全体的に冒険したので、センスとして考えると★は低めです。最初は色を統一して指1本だけ違う色にするのもありかなと思ったのですが、写真になったときの見栄えを考えてカラフルに仕上げてみました（笑）。セルフネイルを経験して感じたのは女性の大変さ。きれいに塗ることがこんなにも難しいとは思いませんでしたし、日ごろから定期的に落として塗り直して…という作業を繰り返していると思うと、あらためてすごいなと感じました。特に単色を利き手と反対の手で塗るのは本当に技術がいりますよね。はみ出てしまったりムラが出来てしまったりして、僕も何度も綿棒で修正しました。でも指先が明るくなると、ふと手元が目に入ったときに気分が上がっていいですね！

5. ネイル雑誌の表紙風に決めポーズを。撮影後「結構派手！　これ、落ちますよね…？」と不安そうに聞いていました（笑）

”30分のレッスンがあっという間に感じるくらい楽しかった！“

Special Re:record

Vol.18
初ピアノレッスン

Q.音感は★いくつ？

☆☆☆☆☆

僕はこれまで楽器経験が全くなくて。苦手意識はないものの、小学校の授業で習うリコーダーも上手に吹けないレベルだったんです（笑）。ピアノに関しては、楽譜どころか鍵盤の位置も分からなかったので、自分が弾いている姿が想像できませんでした。でも先生に教えていただきながら徐々に弾けるようになってくると「もうちょっと練習すればスムーズに弾けるようになるのかも？」とワクワクしてきて。30分のレッスンがあっという間に感じるくらい楽しかったです。先生の教えもあり初見で何とか1曲弾くことができたので音感という意味では★3つ。これを機に練習を始めて、スラスラ弾けるようになってみたいなと思いました。いつかピアノにまつわる役が来たときのためにも練習あるのみですね！

1.“30分で1曲マスターする”を目標にレッスン開始。先生の薦めでクラシックの名曲「よろこびの歌」を習うことに

2. 実際に弾いてみると「思ったより鍵盤が重い…」と青木さん。集中したときのくせで口が終始開いた状態に（笑）

4. 想像以上のスピードで上達していき、20分でほぼ弾ける状態に。先生から「本当に初めて？　勘がいい！」と褒められるほど

5.「何とか形になったような…」ということで、先生と一緒に通して弾いてみることに。大きなミスもなく見事弾き切ることに成功！

!!

3. 順調にレッスンが進む中、突如先生の本格的な演奏がスタート。「指の動きと音の迫力がすごい…！」とびっくり

”これからどうしていけばいいか背中を押してもらえた気がします“

1.今回の占い方は、命占術の一つである紫微斗数。事前に生年月日と出生時間を伝えて診断してもらいます

2.「優しいファンの方が多い」「やる気十分で今年に懸けている」といった結果に「そんなことまで分かるんですか!?」と

Special Re:record

Vol.19

初占い

3.先生によると、同じ誕生日でも２時間ごとに運勢が変わるそう。過去のことも言い当てられて思わずびっくり

瞭 's comment

正直占いは半信半疑でしたが、こんなにも当たるものなのか！　と驚きました。誕生日や出生時間をお伝えするだけでここまで分かってしまうとは…。いいことだけでなく悪いことや注意しなければならないことも教えていただき、これからどうしていけばいいか背中を押してもらえたような気がします。特に仕事運に関しては６～７年でさらに上がっていくと聞いたので、プラスに捉えて頑張っていきたいです！

4.「トラブルメーカー気質の友人と予期せぬ借金に注意」という内容にはちょっぴり苦笑いを浮かべていました（笑）

診断結果を一部公開

仕事運▸今年は目指すべき方向性が見えてきて、やる気満々。ご先祖様の恩恵を受けて良心的なファンの方が増えるので、周りの人に支えてもらいながらオファーを受け続けていくことで導かれるようにお仕事が増えていきます。

恋愛運▸今はその気がない分、結婚は遅めで40代近くになる可能性も。お相手は品のあるお金持ちの方。2026年はスキャンダルに注意。

金運▸恵まれていて、来年はさらに稼ぎたいと思う年になりそう。ただし他人の影響で借金をしやすいので気をつけましょう。

”ひと足早く夏気分を味わうことができました“

Special Re:record

Vol.20

初○○すくい

スーパーボールすくい

1.順調にすくい始めるも、5つ目でポイが破れてしまい…「やっぱり重いボールは難しい！」と焦り気味

2.「重いやつを中心に狙います」と宣言して再挑戦。4つほどすくったところで破れ、悔しそうな表情に

3.30秒で何個すくえるかというチャレンジでは10個以上達成！「めっちゃ楽しかった〜」とにっこり

Q. 子供心は★いくつ？

☆☆☆☆☆

スーパーボールすくいとヨーヨーすくいのどちらも小さいころに弟たちと一緒にお祭りでやったことを思い出しました。大人になるにつれて、お祭りに行く頻度が減ってしまった上に、出店で遊ぶ機会もほとんどなくなってしまって。今回は当時のように全力で楽しめたので★4つ。意外にもスムーズにたくさん取れてしまったので、その分★を一つ減らしました(笑)。スーパーボールの感触やヨーヨーの重さがどこか懐かしく感じましたし、浴衣も着られてひと足早く夏気分を味わうことができた気がします！

ヨーヨーすくい

4.大きなプールに浮かぶヨーヨーを前に「どれから狙おうかな？」と青木さん。作戦があるようでちょっぴりニヤニヤ

5.あっさり1つ目をゲット。ヨーヨーの中に入っている水が少なく「軽いから取りやすいのかも（笑）」と

6.このこよりが丈夫だったのか(!?)まさかの2つ目！「エスパーダの黄色♪」とうれしそう

Special Re:record

Vol.21 初（!?）屋台

“屋台はたこ焼きと焼きそばが好きです！”

1.「手動タイプの機械で作るのは久しぶりかも！　かき氷って夏って感じしますね」とワクワク

2. しかし早々に取っ手が外れるハプニングが(笑)。「ごめんなさい！」と謝ってくれましたがスタッフのミスでした…

Q. お祭りの思い出を教えて！

小学生のころ、お祭りだからと奮発して3000円くらい入れていたお財布をなくしてしまって…。泣きながら家に帰ったことがあります。一緒に行っていた弟と思い当たる場所を探したんですが、見つからなくて結局諦めたんです。本来お祭りは楽しいものなので、楽しい思い出が残るはずだと思うんですが、子供ながらにちょっぴり苦い思い出になってしまいました（笑）。

Q. 好きな屋台は？

たこ焼きと焼きそば！　この二つは幼いころからずっと好きで。子供が苦手な野菜もほとんど入っていないし、ソースの濃い味がたまらないですよね。焼いているときの香ばしい香りも食欲をそそられます！

5.「瓶のラムネも久しぶり。手で押して開ける瞬間って、あふれないかちょっとドキドキしますよね」と

4. 実はわた菓子も好きな青木さん。しかし食後「大人になるとカロリーを知っているから罪悪感が…」と（笑）

3. 無事修理し再開！「よし、氷出てきた〜！　何だか懐かしくなってきました」とにっこり

”自分に負けそうになる怠惰な心を叩き直せました（笑）

Special Re:record

Vol.22

初ピラティス
～マシンピラティス編～

Q.“自分との戦い”とも言われるピラティスを終えて…精神力は☆いくつ？

★★★★☆

初のピラティスはびっくりするくらい楽しかったです。体験するまでは柔軟性が肝となるイメージがあったので、体の硬い僕でもできるのかな？　と思っていました。でも先生が僕に合ったやり方で丁寧に教えてくださったおかげで、思った以上にリラックスしながら取り組むことができて。体幹を使うトレーニングではバランスが取りにくかったり思うように体が動かなかったりと、もちろん大変さはありましたが“カッコいい体になりたい！”という思いで取り組む中で、自分に負けそうになる怠惰な心を叩き直せたような気がします（笑）。戦いにもギリギリ勝てたかな…と思うので、☆は4つ！

1. 念願の運動企画に気合十分。先生の説明を受け、まずは肩甲骨のストレッチからスタート

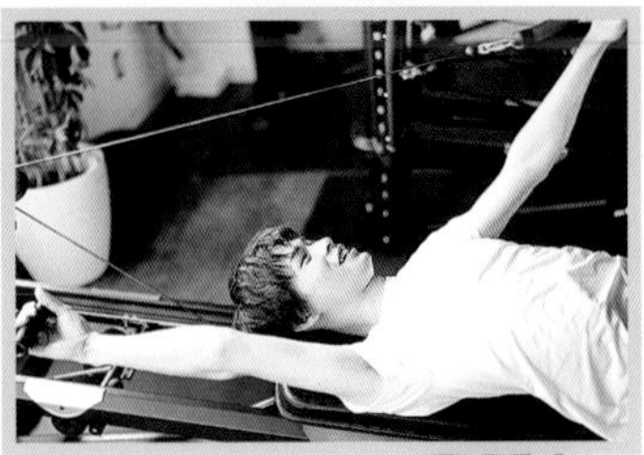

2. 普段使わない筋肉をじっくりと伸ばす動きに「めっちゃ気持ちいい～！」とにこにこ

3. 次は脇の下を重点的に。「体が温まってきて効いている感じがします！」と

4. レッスン中の表情は真剣そのもの。先生は「のみこみが早くて上手です」と絶賛！

5. 体幹を使ったポーズでは、左右のバランス感覚に大きな差が！「こんなに違うの!?」と驚き

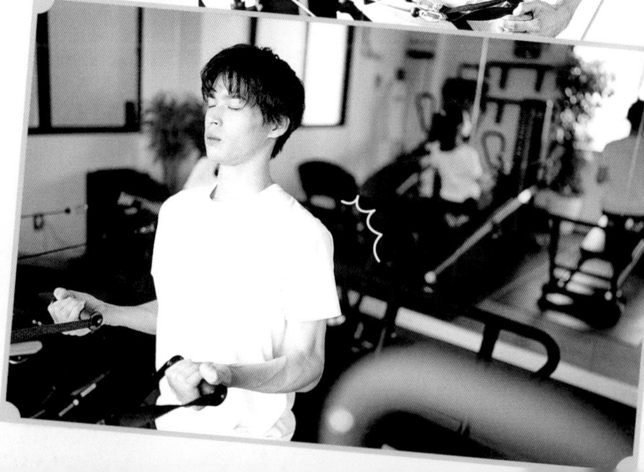

6. ラストは胸を開いて息を吸いながらリラックス。「気持ちよくて本気でハマりそう！」と大満足のようでした

”メリハリのある
カッコいい体を目指したい！“

Special Re:record

Vol.23

初ピラティス
～エンコンパス編～

Q. 体力は☆いくつ？

★★★★☆

約1時間マンツーマンでみっちり指導していただきましたが、嫌な疲れもなく「もっとやりたい！」と思えたほどだったので☆は4.5！　自分でもここまで体を動かせたことに驚きました。普段はほとんど運動する機会がなく、日常生活で歩く程度。筋トレも全くしていません…。でも、さっきトレーニングを終えて鏡で体を見たときに腹筋が割れているように見えたんです！　きっと光の加減だと思いますが（笑）、理想としてはもう少し胸筋をつけてメリハリのあるカッコいい体を目指したいと思っています。

1. 最新のトレーニングマシン“エンコンパス”を使ったピラティスに「楽しみ～！」と青木さん

2. 腕にかけたワイヤーを引っ張りながら腕の可動域を確認。表情は真剣そのもの！

3. 不安定なスライドボードに座り、体幹を保とうとするも「ボードが動いちゃう！」とあたふた

4. 全身のアウターマッスルとインナーマッスルに効果的というだけあって「効く～！」と笑顔に

5. しかし時々きつかったのか、この表情(笑)。ここまでおちゃめな顔は初公開かも!?

Special Re:record

Vol.24

初Tシャツアート

"最初のころより想像力が広がりました！"

2.“花火”“海の家”などとイラストのヒントをもらうも「何か見ないと書き方が…」と困惑気味

1.クレヨンやワッペンを前に「どこから手をつけたらいいのか分からない」と頭を抱える青木さん

3.描いたイラストをスタッフに褒められると「本当に？イジってるでしょ！」と照れ笑い

4.スイカ割りをする人を描きながら「顔は描かない。絶対に失敗して悲惨になる」と（笑）

完成！

5.夏らしいモチーフのものをたくさん描いて完成！　タイトルは“瞭の夏休み”だそうです

Q.デザイン力は☆いくつ？

☆☆☆☆☆（3.5）

Vol.1からこの連載を読んでくださっている方は分かると思うのですが、僕は絵が本当に苦手で。今回“アート”と聞いたときに「もしかして絵かな？」という不安がよぎったんです（笑）。しかもごまかしの利かないクレヨンだったので「マジか！」と。でも最初のころより想像力が広がったのか、いろいろな物を描くことができたので★は3.5！　僕としては2にしようと考えていたのですが、スタッフさんから褒めていただいたのでVol.1からの成長の意味も込めて思い切って増やしてみました（笑）。ちなみにこの中で一番上手に描けたのは花火。自分でも何とか形になったなと思います！

Special Re:record

Vol.25

最終回

“初めまして”ではなく“また会えたね”と言っていただけるように

1年間続いた連載も今回がついに最終回。どの企画もタイトルどおり初めて挑戦するものばかりで、全てが印象に残っています。中でも特に楽しかったのはVol.15の“初触れ合い”。大好きなワンちゃんとお散歩できたこともうれしかったし、今でも思い出すと笑顔になってしまうくらい癒やしの時間でした。反対に大変だったのはVol.1の絵！ 絵が苦手な僕にとっては大変どころの騒ぎではなく、もはや大きな試練でした（笑）。絵は今でも大切に保管していただいているそうですが、いつか開封する日が怖いです（笑）。僕自身も毎回楽しみながら撮影させていただきましたが、読んでくださったファンの方から「新しい一面が見られてよかった」「毎回新鮮でした」といった反響を頂けたこともありがたくて。僕だけではなく、皆さんも一緒にこの連載を楽しんでくださっていたのかなと思うと、すごく幸せな気持ちになりました。

一俳優としては今以上にお芝居を勉強していろんな作品に出たいと思っています。そのためにはまず現場経験を積んで、成長を続けて、実力をつけていきたい。朝ドラと大河に出演することを目標に、日々精進できたらと思います。あと、実は僕バラエティ番組にも出たくて。ドッキリでも体を張る系でも、動物系でも。演技以外のお仕事の幅も広げていけたらいいなと思っています。その目標が実現できるように、僕らしく明るく元気に頑張ります！ そして実現したときには“初めまして”ではなく“また会えたね”と言っていただけるように。一年間本当にありがとうございました！

~~初~~ 改めまして、青木瞭です。

(01 - 触れ合い編)

ここからは過去の連載のリバイバル企画をお届け！
まずは青木さんが一番思い出に残っているというワンちゃんとの触れ合い企画からスタートです。

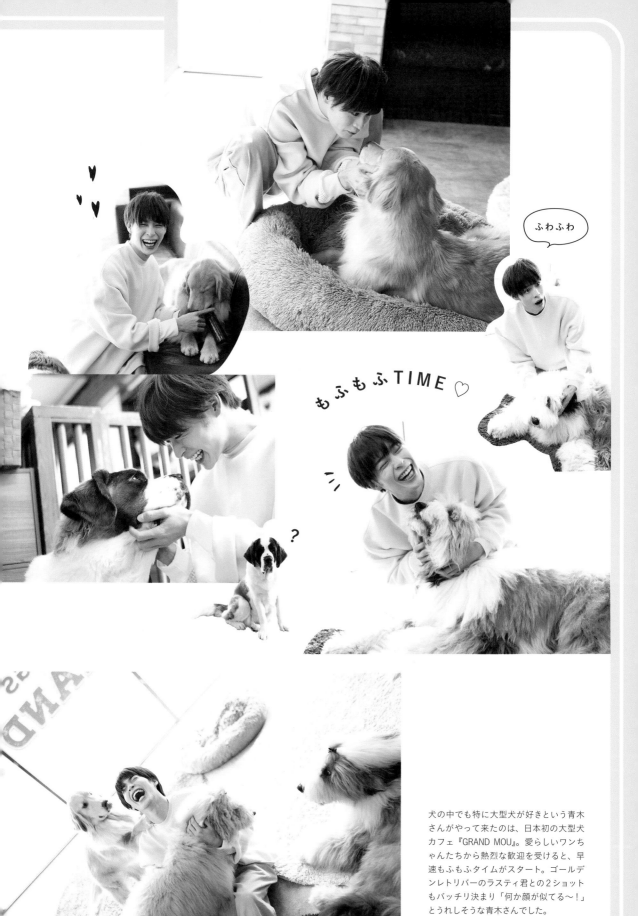

犬の中でも特に大型犬が好きという青木さんがやって来たのは、日本初の大型犬カフェ『GRAND MOU』。愛らしいワンちゃんたちから熱烈な歓迎を受けると、早速もふもふタイムがスタート。ゴールデンレトリバーのラスティ君との2ショットもバッチリ決まり「何か顔が似てる〜！」とうれしそうな青木さんでした。

ラスティ&りょう

Zzz…

一匹ずつじっくり触れ合い、２ショットを撮り終えたあとは、全員で集合写真に挑戦！「カメラあっちだよ〜」と言う青木さんの掛け声もむなしく、残念ながら目線ありの一枚はかないませんでしたが、それでも「かわいい〜！」と終始デレデレの青木さん。何だか家族写真にも見える個性豊かな一枚になりました。

Miracle

~~初~~ 改めまして、青木瞭です。

(02 - ラテアート編)

続いては、青木さんが「またいつかリベンジしたい!」
と言っていたラテアート企画を。
一年越しの挑戦は果たして成功なるか…?

Latte Talk
01

まずはおさらいの意味も込めて店員さんから再度レクチャーを受ける青木さん。「カップを持つ手の角度が重要なんですよね」と動きをまねしてみるも「どうしよう、久しぶりすぎて出来る気がしない…」と苦笑い。時間の関係で、チャレンジできるのはわずか３回。「頑張ります！」と気合十分の様子ですが…。

1杯目の仕上がりはこちら！

Latte Talk

02

1回目の挑戦でいきなりきれいなアートが完成！　スタッフから「おぉー！」「すごい！」という声が上がるも「今のは多分まぐれ…」と謙遜を。続く2回目の挑戦ではカップからコーヒーが溢れてしまい、「やっぱりさっきのはまぐれだった…難しい〜！」と悔しそうな表情を浮かべていました。

Latte Talk

03

３回目もうまくいかず、ちょっぴり落ち込んでいた青木さんでしたが、店長さんから「顔も筋もいいし、もう１回やればいけるよ！」との声が。ラストは何とか形になり、「やったー！よかった！」と笑顔に。撮影後は自分でいれたラテを飲んでほっと一息♪　かと思いきや「また来年、チャレンジしに来ます！」とリベンジを誓っていました（笑）。

Perfect!

初めて僕と過ごす一日

AM8:00 起床

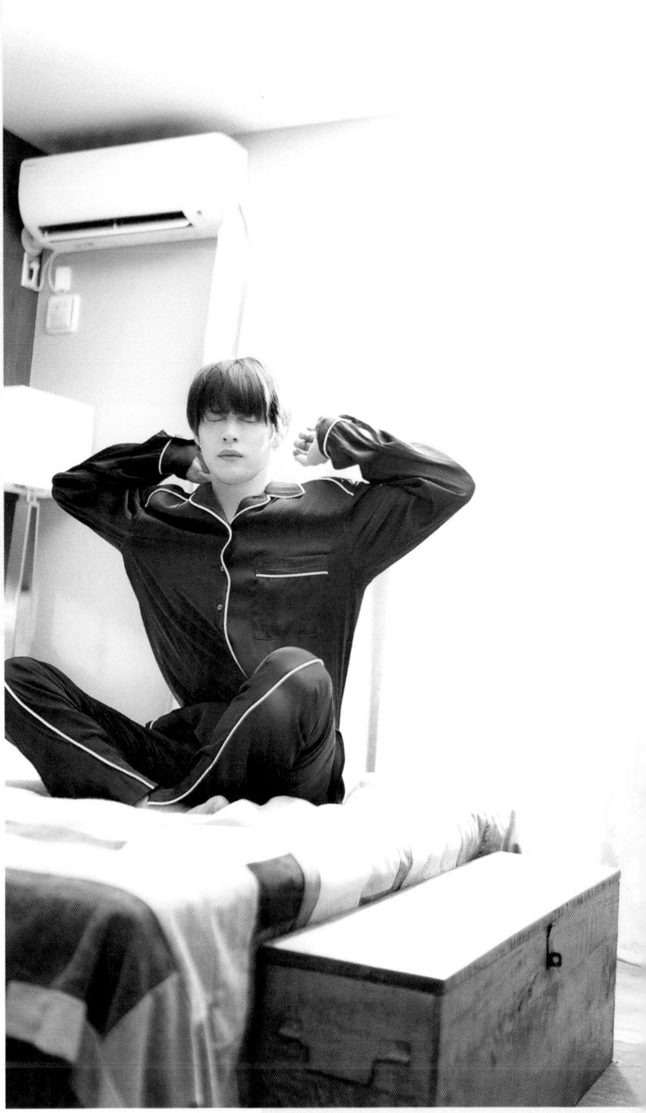

AM11:00 お散歩 & 買い出し

ＰＭ１：００　お昼ごはん

HAPPY♡
SUR

PM4:00　花やしき

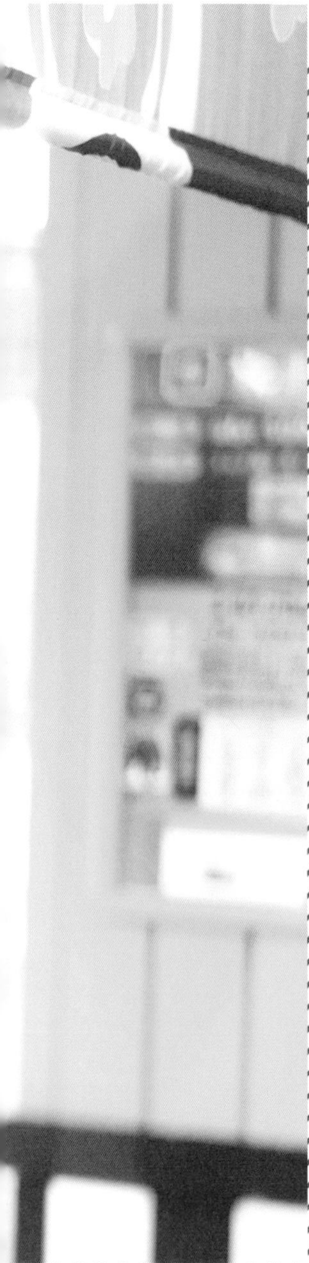

☆まとあて☆

☆まとあて☆

オレンジ

DISK
ディスク オー

DISK
ディスク オー

CARNIVAL

しあわせ橋

しあわせ橋

出口
EXIT

PM10:00　ベッドルーム

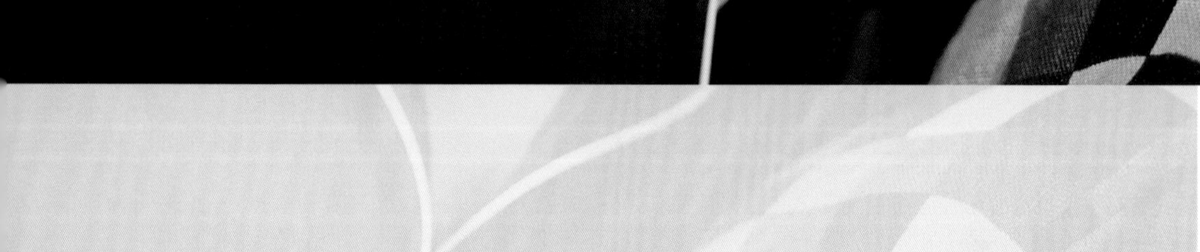

Special Talk

青木瞭×内藤秀一郎

Ryo Aoki
Shuichiro Naito

『仮面ライダーセイバー』での共演以来、お互いに〝プライベートで一番仲良し〟という二人の対談が実現！ 第一印象や当時の思い出などについてたっぷりと聞きました。

僕が唯一愚痴を言えたのは瞭君の前だけだった（内藤）

親友同士という役柄を越え、お互いの家を行き来するほどの仲に

――『仮面ライダーセイバー』（2020年放送）のオーディションで初対面。当時の第一印象を教えてください。

内藤　じゃあ僕からいくよ？　瞭君は、身長が高くて怖かったです。

青木　…え？　まさかの恐怖？

内藤　僕も身長が185チセンあって結構高いほうなんですけど、普段自分よりも高い人を見ることがないので圧倒されちゃって。あと瞭君は顔がキリっとしていてクールな印象だったから、ちょっと話し掛けにくい雰囲気がありましたね。

青木　クール!?　マジか～！　それはなんかごめん（笑）。

内藤　あと同じ会場に岡（宏明）君もいたんですよ。彼は仮面ライダーが大好きなのでテンションが上がってしまっていたのか、ちょっと騒がしかったんです。そのときにチラッと横を見てみたら、瞭君がものすごい形相で岡君を見ていたので、それもあって怖い印象がありました。

青木　あはは！　ビビられてたんだ（笑）。もちろん睨んだわけではないんですけどね。多分僕自身も集中してたし、受かりたいって気持ちが強かったから、当時は岡君の面白さを楽しむ余裕がなかったのかもしれないです。僕から見た秀の第一印象は明るくてやんわりした子。僕の前に座っていたんだけど、（川津）明日香ちゃんと楽しそうに話している姿を見ていい関係性だなって。

内藤　ああ！　しゃべってたね！

青木　僕はオーディションのときは知り合いがいなくて一人だったから。2人が楽しそうに過ごしている姿を見てうらやましかったし、この2人と一緒にお芝居ができたら楽しいだろうなって。そしたらまさかのどっちも受かってたっていう（笑）。

――最初に声を掛けたのはどちらからだったんですか？

内藤　多分僕から話し掛けたと思うんですけど…。合格後に「よろしくお願いします」というあいさつ程度だった気がします。オーディション期間中は全然話さなかったよね？

青木　うん、誰も僕に話し掛けてくれなくて。怖かったのかな…。

内藤　寂しかったんだ？（笑）

青木　ちょっとね（笑）。

内藤　でもクランクインしてから、僕と川津さんと瞭君と（山口）貴也とご飯に行って話したときに、ウマが合うなって。これから仲良くできそうだなって思ったんだよね。

青木　上から来たな～（笑）。じゃあどこでそう思ってくれたの？

内藤　貴也がちょっと変わってて、不思議な発言をすることが多かったでしょ。それに対する僕と瞭君のツッコミが一緒だったから「あ、何か合うかも」って思ったんだよね。

青木　感性が似てるんだろうね。僕も話してて、自分と近い部分を感じたよ。でも、年齢差もあったし初めは気を使ってたなぁ。内藤さんのアホな部分をフォローしたり…（笑）。

内藤　…それはアホを演じてたんだよ！　瞭君が年下の僕たちに対してずっと敬語だから、そういうふうにすることでツッコみやすくなって壁がなくなるかな～って。

青木　策士だ！（笑）　まあそのおかげもあってか、わりとすぐに距離は縮まったよね。親友同士という役柄だったこともあって、お芝居の相談もたくさんしたし。

内藤　そうだね。約一年間撮影していると〝何かうまくいかないな〟ってネガティブになっちゃう時期もあったけど、そういうことも全部話してたし。僕が唯一愚痴を言えたのは、瞭君の前だけだったからさ。

青木　隠し事がないくらい何でも話してたよね。お互いの家を行き来したりもしていたし。

内藤　したね！　瞭君の家に遊びに行くと、必ずと言っていいほど強制的にベランダに連れて行かれてコーヒーを飲まされたもん。

青木　あはは！　それはあながち間違いではない（笑）。

内藤　寒い日も〝オイルヒーターあるから大丈夫〟って言われて（笑）。

青木　男同士で家にいても、女の子同士みたいに延々と会話が弾むわけではないし、特にやることがないでしょ？　僕はゲームも持ってなかったし。やることと言ったら、外の景色を見ながらコーヒーを飲んでしゃべることくらいだったから。

内藤　そこだけ聞くとエモいけどね（笑）。しかも、結構本格的なカフェラテをいれてくれて、おいしいから何だかんだ居心地はよかったよ。行くまでがめんどくさいんだけど。

青木　家が反対方向だったからね。内藤さんの家のイメージは…シンプルに部屋が汚い。

内藤　あはは！（笑）　正直！

青木　なんて整理整頓のできない部屋なんだ、と（笑）。ほこりが落ちていても、ベッドサイドに布団がずり落ちていても気にしないし。

内藤　全然大丈夫だね。

青木　逆に僕が気になっちゃうから、行くたびに掃除してた気がする。

内藤　でも、勝手にやるからちょっと困るんだよ。リモコンが知らないうちに違う位置に置かれてたりして、定位置にない！　ってなる。

青木　それ、実家にいるときとかに息子がお母さんに言うやつ！（笑）

内藤　その感覚だった（笑）。でも、床拭きとかもしてくれるからいつの間にか部屋がきれいになってて、ありがたかったです。

——部屋の様子は対照的のようですが、性格は似ていますか？

青木　結構似てると思います。ただ、どこが似てるかと言われると具体的に挙げるのが難しい…。

内藤　フィーリングじゃない？　あと笑いのツボも似てると思う。時と場合によるけど、普段どっちもふざけるし、どっちもツッコむんですよ。だから一緒にいて楽しいし、盛り上がりますね。でも、唯一似てないところは僕がインドアで瞭君がアウトドアなところ。

青木　確かにそこは真逆だわ（笑）。

内藤　僕は家でダラダラしていたいけど、瞭君はすぐどっか行こうぜ！って言う（笑）。

青木　家は飽きちゃうというか。外の空気を吸いたくなるんですよね。

内藤　例えば一日休みで遊ぶ計画を立てているときに、瞭君は栃木とか箱根に行こうって言ってくるんですけど…。日帰り旅行の距離としてはちょっとつらいです。

青木　せっかくの休みだから、朝イチから行動したいんだよ。

内藤　あ、それも真逆です！　僕は明日遊ぶってなったら、遊び始めるのは15時とかでいいんですよ。ゆっくり寝て、ゆっくり行動したい。でも瞭君は「じゃあ、10時くらいに迎えいくわ！」って。

青木　10時なんて遅いほうだよ。

内藤　こっちはまだ夢の中だわ！（笑）だからいつも遊ぶときは間をとって14時とかにしてます。

青木　でも最近は会えてないよね。連絡しても返ってこないし…。

内藤　あ、ごめん（笑）。

青木　忙しいのは分かってるんだけどさ。せめて〝どこか半日ぐらい空いてるだろ〜〟って（笑）。

内藤　空いててもインドアだからあんまり外に出たくないんだよ。

青木　それは忙しさとは関係ないやつじゃん！（笑）

内藤　連絡の頻度は高いほうだと思うよ。僕は基本誰とも連絡とらないから、瞭君が一番多いもん。

青木　〝何してる？〟みたいな近況報告はしてるかもしれないね。

「絶対売れよう」という目標を立て、互いの活躍が励みとなる日々

——日ごろお互いの作品をご覧になることはありますか？

内藤　僕は見てますよ！　瞭君が出てた猫のやつとか…。

青木　…ん？

内藤　あれ？　足湯に浸かってたやつ！　出てたよね？

青木　……『鉄オタ道子、2万キロ』（2022年）のこと？

内藤　あ、それかも！

青木　…多分彼は見てませんね。SNSに上がっているPR動画をチラッと見ただけですね。

内藤　見たよ、ちゃんと！（笑）

青木　本当に？　本当だとしたらありがとう（笑）。うれしい。でも僕は秀の作品は見れてないです。

内藤　え？

青木　いろんな作品に出ているのは知ってるし、もちろん応援はしてるけど、敵対心とか嫉妬心は一切なしに本当にタイミングが合わないんですよ。見ようと思って録画をしても消えてたりとかで…。

内藤　寂しいじゃん！　僕は『あざとくて何が悪いの？』のあざと連ドラも見てますからね！

青木　本当に？　今度ご飯ごちそうしてあげるよ。

内藤　あざっす！

——お互いの活躍に刺激を受ける部分はありますか？

内藤　もちろんあります。『セイバー』

の撮影当時から、瞭君も含めて「みんなで絶対売れようぜ」っていう話もしてましたし。

青木　とにかく売れたいっていう漠然とした内容だったけど、全員が思っていたことだったよね。『セイバー』後も活躍の場を広げて、またいつか再会したいねって。

内藤　その中でも自分が一番に売れたいという思いはありつつ、みんなそれぞれの道で頑張ってる姿を見るとうれしくなるし、励みになるというか。

青木　うん。当時大変だった撮影を一緒に乗り越えて来た仲間だからこそ応援もしているし。「僕も頑張らなきゃ」って思わされる。特に秀はセイバー組の中で一番出演本数が多いと思うから、きっと見えないところですごく努力してるんだなって思う。

――お互いを見て〝ここは勝てない〟と思うところはありますか？

秀は見えないところですごく努力してると思う（青木）

青木　え～、何だろう。あるかな？

内藤　おい！（笑）僕は何個もあるよ。まず、人の懐に入るのが上手なところ。初対面の人に対してもそうだし、目上の方や世代が違う方とも分け隔てなくコミュニケーションが取れてすごいなと思います。僕は「何を話したらいいんだろう？」って考えてしまうことが多いけど、瞭君はいつも楽しそうに話してて。話のネタが豊富にあるんだなぁって。

青木　昔から目上の人と話す機会が多かったから、いつの間にか詳しくなっていったんだよね。

内藤　あと身体能力もすごいし、体が丈夫なところも勝てないです。

青木　体の丈夫さって何!? 初めて言われたんだけど！（笑）

内藤　体調を崩さないっていう意味の丈夫さね。運動神経も僕よりはるかに上。『セイバー』のときは相手の攻撃を受けた後のや

Take a picture!

親友でもライバルでもあり
ひと言で言い表せない存在（青木）

られの芝居が多かったけど、瞭君は吹っ飛ぶ距離が段違いで僕の倍以上飛んでたし。やられの芝居って一歩間違えるとけがにもつながるから、ここにも体の丈夫さが生きてるなって思う。

青木　〝体が丈夫〟ってワードがめっちゃ面白い（笑）。

内藤　瞭君が僕に勝てないなと思うところはどこ？

青木　いや～…ないかな！

内藤　おい！（笑）

青木　うそうそ（笑）。たくさんある。まず器量の良さはピカイチ。一見抜けてるように見えるけど、やるときはしっかりやるし。どんなに忙しくてもそんな素振りを見せることなくそつなくこなすからカッコいいなって。あと、裏表がなくて現場でもプライベートでも一切変わらないのがすごい。例えばバラエティに出演したときも、僕は気を張って「ちょっとでもよく見せなきゃ」「しっかりしなきゃ」って構えてしまう部分があるけど、秀は普段通りの〝内藤秀一郎〟で。取り繕ったりしないでしょ。どんなときもありのままでいられるフラットなところは魅力でもあると思うし、勝てないところでもあるかな。

内藤　…うれしい。

青木　あと…ど、ど、努力家。

内藤　急にどもりすぎだろ！（笑）

青木　秀って、人のお芝居をしっかり見るタイプで。そこから研究して自分に生かそうともするし、人一倍台本を読み込んで考えながら演じていてすごいなってずっと思ってたよ。今もいろいろな作品に立て続けに出演しているけど、日々現場ごとにたくさん吸収して自分のお芝居に生かしてるんだろうなって。

内藤　どもってたのはうそじゃないってことだ!?

――そんな二人の関係性をひと言で表すと？

青木　うーん…、親友でもありライバルでもあり…。

内藤　どっちもじゃない？　僕は一緒にいてリラックスできて何でも話せるのが親友だと思っていて、その存在が瞭君。仕事面においても負けたくないっていう気持ちがあるからこそ、ライバルとして高め合えるし。

青木　確かに何でも話せるっていうのは大きいね。僕も今まで何でも包み隠さず話してきたのは秀だったから、一番信用できる友達でもあるし。ひと言ではうまく言い表せない存在ですね。

――では、もしまた共演できるとしたらどんな作品をやりたいですか？

内藤　僕は時代劇をやりたいですね。『セイバー』でも剣を使って戦っていたので、違う作品でまた剣を交えられたら当時を思い出すことができてエモいんじゃないかなって。

青木　いいね！　役どころは？

内藤　敵対はしたくないから、仲間がいいな。もしぶつかることがあったとしても、最終的には助け合いたい。『セイバー』でも一度敵対してしまったときは、やっぱりつらかったので。仲間ではいたいですね。

青木　え～、僕より寂しがり屋じゃん。かわいい一面見せちゃって。

内藤　僕、かわいいですから♡

青木　あざとい！　これ、書いてください、絶対に！

内藤　あははは！（笑）　瞭君はどんな作品がやりたい？

青木　僕はバディものがいいかな。バディって息の合った関係性が強みでしょ？　僕たちも普段から仲がいいから、素の関係性がお芝居にも生きてくる気がするんだよね。

内藤　あー、分かる！　楽しそう。

青木　役柄的には、僕がちょっとポンコツで、秀がクールなインテリみたいな、視聴者の皆さんがイメージするキャラクターとは真逆な感じがいいなって思う。

内藤　いいね！　お互いから学ぶものも多そうだよね。

――ではプライベートで実現させたいことはありますか？

内藤　僕は一緒にゴルフに行ってラウンドを回りたいです。瞭君も上手なんですけど、僕もわりとうまいほうだと思うので。お互い、いい勝負になるんじゃないかなって。

青木　彼、すごいんですよ。初めて行った日の一発目でスコア120をたたき出して。ほぼ練習をしていない状態だったのに、サラッとできちゃうところがもう〝天才だな〟って思いました。

内藤　イェーイ！

青木　僕も今、一緒に行ったら楽しいだろうなって考えてたんだよね。あ、せっかくだしこれを機にちゃんと実現させようよ。

内藤　え？　…あ、うん。

青木　急に歯切れ悪いな！（笑）　さっきのはうそだったのかよ!?

内藤　いや行くよ、もちろん。

青木　怪しいんだけど！　あとで連絡するから予定教えて。

内藤　連絡はしなくて大丈夫。

青木　なんでだよ！（笑）

内藤　朝早いじゃん…。

青木　起こして連れてくよ！

秀へ

秀がドラマやバラエティ、雑誌などいろんなメディアに出ている姿を見ると、僕もうれしいです。そして、素直に“すげぇな”って誇りに思います。秀が頑張っているからこそ、僕もこの世界で頑張れているよ。いつかまた共演できる日を楽しみに、これからも一緒に切磋琢磨していこうね。ゴルフも絶対実現させよう！　約束！

瞭君へ

瞭君とは一俳優仲間としてはもちろん、プライベートでもずっと仲良くし続けたいなと思っています。定期的に遊んだり、飲みに行ったりしたいから、もし僕に既読無視をされてもめげずに連絡してね。なんだかんだで、僕も瞭君から連絡が来ないと寂しいし。いつでもお誘い待ってます。これからも末永くよろしくお願いしま～す！

Ryo Aoki × Shuichiro Naito

＼レア写真で振り返る！／

Ryo's Memories …

1996

1998

まずは2～3歳のころの写真を。自分で言うのもなんですが…このころの僕、とってもかわいくないですか？（笑） 肌も真っ白で、髪色も金髪に近いくらい明るかったからか、よく女の子に間違われることが多かったみたいです。ちなみに髪は地毛で、成長して年齢を重ねていくうちにいつの間にか黒くなっていました。

よく女の子に
間違えられていた
幼少期

2015

19歳くらいのときに、愛犬のチョコちゃん♂＆ムーちゃん♂と一緒に散歩をしているときの一枚です。二匹はとても仲良しでとにかく元気いっぱいなので、定期的に大きな公園に連れて行って一緒に遊んでいました。犬の散歩に行くとは思えないスタイリッシュな服装をしている僕の姿がじわじわ来ます（笑）。

2015

スマホのデータが消えてしまい、いきなり急成長です…すみません。これはスーツを着て営業に行っているときの写真です。髪形のせいでチャラ男っぽく見えますが、とにかくがむしゃらに働いていました。アタッシェケースの中には資料が入っていて、わりと重かったはずなのにすました顔をしています（笑）。

がむしゃらに
働いていた
営業マン時代

2016

イケ家！のメンバーになって、恐らく一発目のお仕事が雑誌「VOGUE」の撮影でした。初撮影、初モデルかつカメラマンさんがレスリー・キーさんだったということもあって、僕は終始ド緊張。言わずとも顔に出ていますね…（笑）。表情やポーズの取り方、動き方などとにかく教えていただいてばかりで。まさに“学びの場”でした。

2015

この写真でオーディションに応募しました！　当時、友達と一緒に応募用の写真を撮ろうということになって。決めすぎず、ラフな状態で何枚か撮ったうちの一枚がこちらです。服装もオーディション用というわけではなく、普段からこういったフォーマルなコーディネートが好きで。このマフラーもお気に入りでよくつけていました。

2016

20歳のころは、プライベートでよく自転車に乗って出掛けていました。マウンテンバイクでふらっと遠くに出掛けてみたり、BMXに乗ってちょっとした技に挑戦してみたり。僕はアウトドア派で自然の空気を吸うのが好きなので、自転車に乗っている時間はとてもリフレッシュできるんです。どんなに漕いでも疲れ知らずでした！

祝！
オーディション
合格！

2023

2016

「BoysAward Audition」に合格した直後の写真です。このときはまだ、“合格したんだ”という実感が湧かなくて、何が何だかよく分からないまま事が進んでいました。写真撮影にも慣れていなかったのですが、とりあえず堂々としていたほうがいいかなと思ってこの立ち方とこの表情をしたのは覚えています（笑）。

diagram

相関図

意外と知られていない青木さんの人間関係をチェック！　家族構成や普段の交流はもちろん、憧れの存在や意外な思いも明らかに!?

青木家

父

母

弟

姉

チョコ

ムース

弟みたい

©映美

内藤秀一郎

兄であり
よき相談相手

生島勇輝さん

おまけ

劇団4ドル50セント

うえきやサトシ

Correlation

リアルな関係性が
まる分かり！

超 個人的

Ryo's Relationship

後藤 大

竹ノ内大輔

撮影／吉岡竜紀

佐野勇斗

再共演したい

連絡が遅い後輩（待ってるよ（笑））

夢を応援
している友達

ファンのみんな

宝物♡

意外な交友関係

久しぶりに
お会いしたい！

いつか共演したい

木村拓哉さん

仮面ライダーセイバー

鈴木福くん

監督・スタッフさん

From
TALENT

瞭くんは僕の友達の中で一位、二位を争う寂しがり屋。
なのに連絡返さなくてごめんね（笑）。
クールでちょっと強面な見た目に反して
意外と乙女なところもあってかわいい瞭くん。
僕の方が年下だけど、一緒にいてすごくラクだし楽しいです。
仕事仲間として切磋琢磨しつつも、
プライベートでは遊びに行ったりもできる
この関係性を何と呼べばいいのか分からないけど…
おじいちゃんになっても変わらず
こうしていられたらいいなって思います。

内藤秀一郎

“どんな人”？

気になる素顔を探るべく、俳優仲間とスタッフを直撃しました。

青木瞭君は、実はバラードを
よく聴いています！
普段クールに見える瞭君ですが、
音楽はゆったりとした
テイストを聴いている
印象がありました。
そして青木君はいろんなことに
興味を持って楽しんでくれて、
気がつくとこちらより
詳しくなっていることも何度もありました。
博学な瞭君の本が楽しみです！
出版おめでとうございます！

山口貴也

仮面ライダーに変身することになった36歳の私。
20代の子たちと仲良くやっていけるか不安を覚えた。
その中で初めて「いくさん」と呼んでくれて、
皆との距離を縮めてくれたのが瞭君だった。
撮影終わりには、早く帰りたい僕を引き止め、
カフェに行ってコーヒーを飲みながら
ダラダラといろんな話をしたのが懐かしい。
しかし、クールな瞭君。実は甘いコーヒーが好きなのだ。かわいい。
とても人懐っこく、休みがあると「何してますか？」と連絡をくれて、
ライダーの撮影が終わった後も一番会ってる仲間である。
今度、家に遊びに行くね。

生島勇輝

俳優仲間＆スタッフに聞いた！

“青木瞭って

プライベートの青木さんは、いったいどんな人物なのか？

瞭さんは、優しくてカッコよくて、
待ち合わせのときに
背が高すぎて分かりやすいです！（笑）
映画「スーパーヒーロー戦記」の時に
共演して以来、仲良くしてくれています。
以前、焼き肉をごちそうしてくれたのですが、
帰る時に方向が全く一緒で、
実は家が３駅くらいしか離れてなかった
ということがありました（笑）。
僕が『仮面ライダーギーツ』に
出演する時は電話で報告したし、
仮面ライダーの先輩としても、
人としても、
大好きなお兄ちゃんです！

鈴木 福

りょうくんと遊んだ一日。
丸一日を使って、喫茶店と観葉植物屋さんを
回ったのは人生で初めてでした。
それも２人とも自転車で…
りょうくんの見た目からは想像できないくらいに
平和で穏やかな休日でした。
カフェや喫茶店よりも長居した場所が観葉植物屋さん。
僕のイメージするりょうくんは、湘南で爆音でバイクを
乗り回し、髪をなびかせている感じでしたので、
お花やサボテンに囲まれて
すごく幸せそうに笑う姿に心温かくなりました。

増子敦貴

瞭と出会ったのは事務所のオーディションで、
東京で初めて出来た友達
だったのですごく頼りにしていました。
よく２人でご飯を食べながら
これからどうなるのか
ワクワク話をしたりしていました。
そして２人とも仮面ライダーの
オーディションに受かって
前に語った２人の未来に少しずつ
一緒に近づいてるみたいでなんだかうれしいです。
瞭は器用だし、人当たりも良く
周りの人に親しまれる人なので
これからも変わらずいてほしいなと思っています。

砂川脩弥

りょうは基本的に、「どこどこ行きましょー」と
言ってくるが実現しません。
会う約束をした日が近づいてきて
LINE で「どうするー?」と送っても無視されます（笑）。
会う予定立てても、
約束を忘れてゴルフに行ってます（笑）。

一応僕が５個年上なんですが、
りょうは僕にタメ語です（笑）。
本当に暇なときだけ、
「なにしてますー?」って LINE が来ます（笑）。

あとりょうは喫茶店が好きです。
熱いやつでちゃんと人のことを
褒められて先輩を立ててくれます。
昔一緒に自転車で
東京から鎌倉まで行きましたね。笑

うえきやサトシ

From STAFF

青木さんはあんなに高身長なのに小型犬のような人懐っこさがあり、
さまざまなところでの気配りも相まって、たくさんの人に愛されるお人柄。
まさに人たらしだなぁと感じています。
どの現場に行っても、いつの間にか打ち解けている印象です。
1年以上の撮影を通して、最近では物事を冷静かつ俯瞰で見ていたり、
不意の毒舌なんかも見え隠れしてきました。
知れば知るほど、知りたくなる。沼らせ俳優さんです。

ヘアメーク　**小浜田吾央**

最初に思ったのはとても背が高いのに、
とても低姿勢だなということ(笑)。
周りへの気配りも出来るし、
ファッションが好きでオシャレです。
また用意させて頂いた服を見て、
毎回「どれも良くて悩む」
「この服、買います」と
言ってくれたのはうれしかったです。
また、勘が鋭く、先の行動を予測する
ことができる先見の明があります(笑)。
人柄がいいので周りのスタッフも
仕事を頑張ろうと思えるし、
今後も役者として活躍していくでしょう!
私も活躍できるように頑張ります!

スタイリスト　**OBU-**

気が利くのはもちろんのこと
大変「気がつく」方です!
人の動き、人の変化、人の配慮、
いろいろなことに気づき、
笑ってくださったり、感謝してくださったり、
褒めてくださったりします。
またそのときの表情が
満面の笑みだったりするのでとろけます!
撮影中は美しいお顔に加え、
そんな部分も遺憾無く出されるので
とろけすぎてもう液体です。

カメラマン　**干川 修**

どんなときも真面目な青木さん。
連載を通して一年以上ご一緒して来ましたが、
一度たりとも手を抜く姿を見たことはありませんでした。
撮影ではこちらの企画意図を汲み取ってくださり、
インタビューでは常に真摯な受け答えをしてくれる。
苦手なイラストに挑戦したときでさえも、
事前に描き方を予習していたほどでした。
きっと、真面目であるが故に私たちの知らないところで
たくさんの努力をされているはず。今以上の活躍が楽しみですし、
“もっともっと多くの人に青木さんの
魅力が伝わりますように“と
願わずにはいられない俳優さんです。
柱の一人として陰ながら応援しています。

編集　**Y**

青木さんは動物愛(特にワンちゃん)に
溢れた優しい人。
ワンちゃんたちにもその愛が
伝わるのか、すぐに懐かれていて
一緒になって戯れている姿を見て、
こちらもほほ笑ましくなりました(笑)。
あと、フランクに話すようになっても、
相づちが「ええ」「そうですね」と
いったようにとても丁寧。
きっと謙虚な姿勢を
忘れない方なんだなと思います。

スタイリストアシスタント　**NANAMI**

青木さんはとても謙虚な人だ。

「初めまして」に挑戦した連載では、
「初めまして」の方からいろいろと教わったが、
恐らく青木さんに
悪い印象を持った人などいないだろう。
とにかく人懐っこいのだ。
記憶力もいいのでスタッフの顔と名前も忘れない。
このあたりは営業職という社会経験の賜物か。
そして笑顔がまた良くて、
気づくとあの笑顔でスッと懐に入られている。
青木瞭さんという人は、

きっと天性の
人たらしに違いない。

TV LIFE 副編集長　**橋本大輔**

青木君には最終オーディションで
正義役と悪役に分かれて
お芝居をしてもらいました。
そこで見えた彼の悪者芝居が
とても良かったので
『賢人』という闇を持った役を
彼にやってもらおうと決めたのを
覚えています。
普段のご本人はとても人懐っこくて
ライダーチームでは
ムードメーカーでしたが、
番組後半の設定では皆と対峙する
孤独な役柄だったため、
きっと苦労もあったと思います。

結果、期待以上の役割を
果たしてくれて感謝しています。

仮面ライダーセイバー 監督
柴﨑貴行

青木さんを最初に見た印象は「陰」。

ヒーローとしての「陽」のイメージではなく、青木さんを敵役として
キャスティングできれば奥行きのある作品になると思いました。
そういう印象だったので後の展開を考えると彼に任せた役は適任だと思ってました。
逆に前半戦で落ち気味の主役を励ます明るさが出るのか心配でしたが
その印象も早々に裏切られました。

オフの青木さんは現場を明るくするムードメーカー的存在。

ノリの軽いお兄さんキャラはベテランスタッフからも後輩キャストからも慕われていて、
そうすると逆に後半に直面する絶望を経験した後のキャラクターをうまく表現できるか心配になりました。
その心配も見事に裏切ってくれましたけど（笑）。
彼の持つ明るさや親しみやすさは、近い未来の不安の裏返しでもあり、
不安に抗おうとする姿なのかなと。Ｖシネの撮影ではそれまでの青木さんとは違い、
明るさで将来の不安をごまかさず、真摯に役と向き合う姿を見て、不安を振り切り、
役者としての人生を本当の意味で踏み出したのかな、と感慨深いものがありました。
これまで出会ったどの青木瞭も彼だと思いますが、
私は役者として生きる覚悟を決めた後の青木瞭の永遠のファンであり、追っかけになりました。
これからいい意味で期待を裏切り続けてくれることを期待しています。

仮面ライダーセイバー プロデューサー　**高橋一浩**

瞭くんのトリセツ

by 内藤 秀一郎

TORISETSU

1 LINEは返してあげましょう

返信が遅いと、**シンプルに拗ねます（笑）**。僕は仕事関係の返事は早いほうなんですが、家族や友達に対してはつい遅くなってしまいがちで。2日くらい空けて返すと**「遅いよ！」と怒られます**。ごめんね。

TORISETSU

2 何でもよく食べます

ご飯に行くと、いつも僕にメニューの決定権を与えてくれて瞭君は**僕が頼んだものを食べる**のがお決まりのパターン。瞭くんは食にこだわりがないからと言うけど、相手に合わせて**何でも楽しんでくれる**ところは優しいなと思います。

TORISETSU

3 ファン思いです

『セイバー』の撮影当時から「Twitterにどんな写真上げたらいいかな？」「ファンの子は何が見たいんだろう？」などといつも考えていて。**ファンファースト**な姿勢がすごくすてきだなと思います。でもこれはもう皆さんご存知ですよね。

TORISETSU

4 話を聞いてあげると喜びます

キャストだけでなくスタッフさんたちとも仲良く話している姿を見て、**人と話すのが好き**なんだなと思います。話を聞くのも上手ですが、聞いてあげるとすごく饒舌に話します。**めんどくさがらずに聞いてあげてください**。

TORISETSU

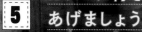

5 カフェに付き合ってあげましょう

瞭くんはカフェが大好き。**「カフェほど楽しい場所はない」**と言って、4～5時間居続けようとします。コーヒーも好きだし、おしゃべりもできるので彼にとっては**最高の場所**なのかもしれません。ちなみに僕は1時間で十分です。

僕だけが知る！

LINE術大公開

by 内藤秀一郎

1 絵文字はほぼなし！

瞭 撮影お疲れ様

内藤が解説！

「絵文字は一切使わないです。そのほうがシンプルで読みやすいし、打つのもラクなのかもしれないけど、それにしてもなさすぎます(笑)。ときどき見るのは「！」と泣き笑いしている顔😂の絵文字。スタンプも全くと言っていいほど送られてきません。見たことない気がするけど、そもそも持ってるのかな!?」

ツッコミ！

何の絵文字使っていいか分からない説

2 話しているときと口調が違う

瞭 ×日何してるの？
ご飯行こうよ

内藤が解説！

「LINEになると雰囲気が変わります。会って話しているときは、口調のせいか男らしい印象を受けるんですが、文章だと少し柔らかくなるというか。優しさがにじみ出ます（笑）。これは実際にやりとりをしないと分からないし、まさに"僕だけが知る"一面。ある意味ギャップでもあってキュンポイントですね！」

ツッコミ！

え、これってキュンなの？

3 話の内容を区切りがち

瞭 今度ここ行きたい
いつ空いてる？

内藤が解説！

「何か１つメッセージを送ると、その内容についての返事が４つ～５つに分かれて返ってきます（笑）。分量的に１つにまとまる量なんですが、なぜか小分けになって返ってくるので不思議です。(「無意識だった！」という青木さんの声を受けて）通知が多くて嫌になっちゃうのでまとめてください（笑）。」

ツッコミ！

通知の数なんて気にしてなかった

4 そもそも返信が来ない…（笑）

今仕事終わった 秀
おーい

内藤が解説！

「僕も普段返事は遅いほうですが、実は瞭くんも比にならないくらい遅いです！（笑） 既読無視をしたりすることはないけど、アプリを開くまでに時間がかかるタイプみたいで。「全然連絡来ないな～」と思いながら待つことが多々あります。僕に「秀は遅すぎる！」って言うけど、お互いさまじゃない？」

ツッコミ！

早く返してるつもりだったよ～

(Ryo's closet)

私服紹介

01
Casual

オールホワイトで テンションアップ！

気分を上げたくて、全身白で統一してみました。これはセットアップなのですが、形が珍しくて気に入っています。ただ、街を歩いていると意外に全身白でまとめている人って少なくて。ちょっと目立つんですよね（笑）。

02
Stylish

着るだけで一気に きちっとした雰囲気に

またしてもセットアップですね…（笑）。これはパンツがハイウエストなので、足を長く見せることができる優れもの。ジャケットはシングルボタンのデザインで、着るだけできちっと見えるのがいいなと思って買いました。

03
Chic

グレー×黒でシックに決めた日

グレーのセットアップに黒いインナーを合わせて、シックなスタイリングを意識してみました。僕は落ち着いた色が好きで、グレーでもちょっと明るいと思ってしまうくらいなので（笑）。このくらいの色味がしっくりきます。

Ryo's closet

What's in Ryo's bag?

(What's in Ryo's bag?)

私物紹介

No.1 財布

利便性抜群！
使い続けて早6年

パンツのポケットに収まるくらいコンパクトなのに、収納力が高くて利便性も抜群です！　20歳くらいのときに買って、今でも使っています。僕、物持ちいいですよね（笑）。

No.2 リップクリーム

シーンごとに2種類を
使い分けています

唇が乾燥して荒れてしまいがちなので、一年を通してリップクリームは欠かせません。右は日常使いしているもので、左は撮影中などなかなか塗り直せないときに使います。

No.3 ボディコロン

せっけんのような
爽やかな香りが好き

せっけんのような爽やかな香りで、焼き肉を食べに行った後など匂いが気になるときにシュッとひと吹き。この香りが大好きすぎて、今家に10本くらいストックしています（笑）。

No.4 AirPods

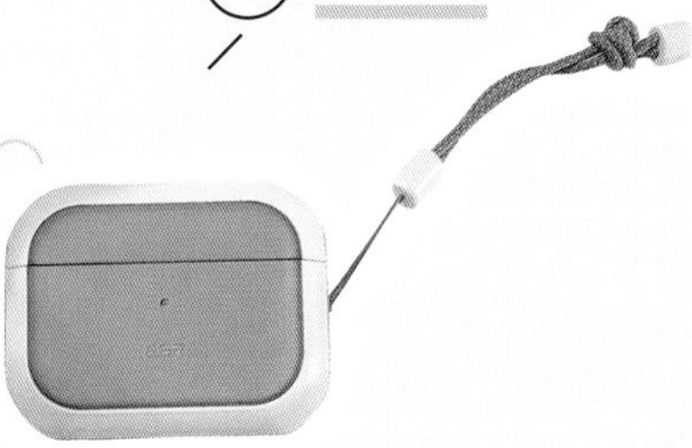

移動中はマストで
つけています！

音楽だけでなく自分のせりふを録音して聞き返したりするときにも使ってます。移動中は常につけているので、「忘れたらショックな物ランキングベスト3」には絶対入ります！

No.5 モバイルバッテリー

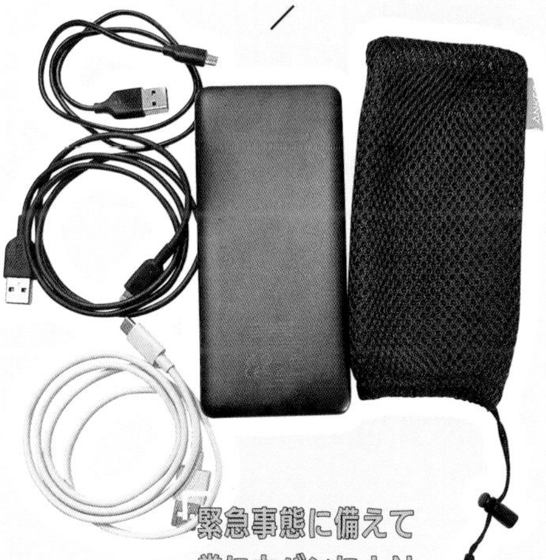

緊急事態に備えて
常にカバンにＩＮ

バッテリー本体と3種類のコードを常備しています。普段あまりスマホを触らないので、充電がなくなることはほぼないのですが…。もしものときのための安心材料です。

No.6 ミント系のタブレット

人を不快にさせない
ためのエチケット

撮影やインタビューなどで人と接する機会が多いので、相手を不快にさせないようにエチケットとして持ち歩いています。ミントの風味が強いものが好きです。

Profile book

超最新！

直筆プロフィール帳

知っておきたい基本情報と気になる恋愛観をプロフィール帳風に総まとめ！
青木さんは「この企画面白い！」と楽しみつつ、じっくり考えながら書いてくれました♪

Profile

僕をグラフで表すと…

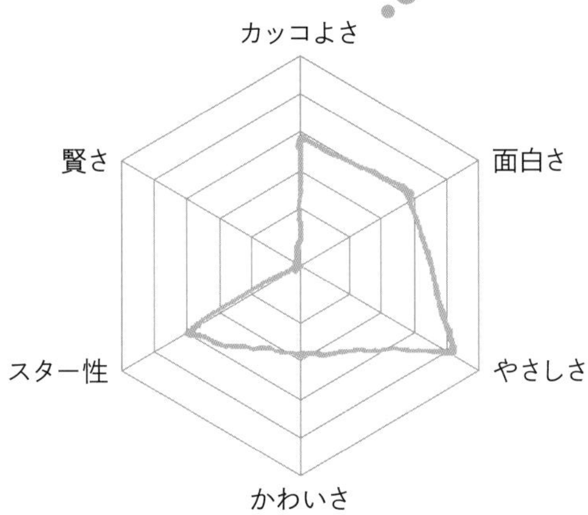

名前 青木 瞭

誕生日 1996/2/26

生まれた場所 神奈川

血液型 A

星座 うお座

口癖 もちろんです

大好物 ハンバーガー

チャームポイント 目

スマホのホーム画面 チョコとムース

ABOUT ME!

Personality

性格はよく 元気 って言われるけど、自分でもそう思う。

趣味は スポーツ で、最近は特に ゴルフ にハマってます！

特技は 人見知りしない事 かな。

休みの日は ゴルフかカフェでまったり して過ごすことが多いよ。

About love

僕の絶対に外せない理想の彼女の条件は 一緒に楽しめる事 。

キュンとする女の子の仕草は 束ねている髪を解く時 で、

女の子のつい見ちゃうパーツは 手 かな。

好きな人から 腕組み をされたらうれしいけど、

食べ方が汚いと ちょっと引いちゃうかも…。

LOVE ME!

告白するなら場所は デートの帰り道 で、

「好きです。付き合って下さい」 って言おうと思うよ。

他にも魅力的な人がいるかもしれないけど、

僕には 常に笑顔 元気 というアピールポイントがあるから負けません!

僕を好きになってもらえたら 笑顔にさせます! という特典付きです♡

Love questions

(Q1)

人前でイチャイチャは… する or **しない**

(Q2)

連絡の頻度は… ~~多い or 少ない~~

多分ぼちぼち

(Q3)

好きな人には… ~~尽くす or 尽くされたい~~

両方がいい!

My best ranking

手料理

1 麻婆豆腐

2 生姜焼き

3 自家製ラーメン

青木瞭に50のQで大接近

名前の由来から座右の銘、香水や初めて明かす秘密まで50の質問で徹底調査！ これを読めば青木さんの今が分かること間違いなし！

01 名前の由来は？

母親が『シティーハンター』の冴羽獠が好きで。響きは同じでも部首が違う"瞭"になりました

02 子供のころのあだ名は？

青ちゃん

03 昔していた習い事は？

サッカー、水泳、バドミントン

04 好きな給食のメニューは？

揚げパン

05 人に自慢できることは？

身長が高い（これしかない）こと。

06 昨日何時に寝て今日何時に起きた？

3時くらいに寝て今日は
9時前くらいに起きました

07 イメージカラーは？

青なのかな？

08 自分を動物に例えると？

イヌ

09 てのひらのサイズは？

ポッキーの箱より大きい。

とにかくデカいです！

10 好きなお酒は？

麦！ 一番太らないやつを飲んでるんです（笑）

11 最近撮った写真は？

実家のワンちゃん

12 最近喜んだことは？

実家のワンちゃんに会えたこと！

13 最近怒ったことは？

ないです！ イライラもしません

14 最近悲しかったことは？

ないかもしれない…。

15 最近楽しかったことは？

ワンちゃんと散歩に行けたこと。ワンちゃんネタばかりですみません…

16 最後の晩餐に何を食べたいですか？

ハンバーガー

17 神奈川県の名物といえば？

鳩サブレ

18 毎日のルーティンは？

朝起きてコーヒーを飲むこと

19 寝言言いますか？

言わないはず！

20 寝る時の服装は？

冬は靴下に
厚手のパジャマを着て
パンツは二枚履いています
夏は基本短パン
Tシャツタンクトップ

21 最近した贅沢は？

スーパーで2400円くらいのステーキを買いました

22 LINEの返信は早い方？

遅い…と言われました
普段からあまりスマホを見ないんです…

23 好きな人に夜中に会いたいと言われたら？

場所考える…！ ちょっと遠かったら電話とかで我慢してもらって次の日早めに会いに行く。近場だったら車借りてすぐ会いに行くかな

24 香水は？

今は使ってないです。使うときはせっけんみたいな香りを選びます

25 電話派？ LINE派？

電話派。話した方が早い！

まだまだもっと詳しく知りたい！

26 部屋はきれい？

わりときれいな方

27 部屋の中でお気に入りのスペースは？

キッチンとバルコニー

28 学生時代得意だった科目は？

国語。漢字が得意でした
テストの点数はよくなかったけど…

29 普段よく聴く音楽は？

月刊トップ○○みたいなプレイリスト。洋楽が多いかも

30 カラオケの十八番は？

Kさんの「Only Human」

31 人生最大の失敗は？

高さ15メートルくらいの飛び込みOKの滝からジャンプしたときに、着地に失敗して足を骨折したこと。降りたときは骨折に気づかなくて。立てないと思ったら足がこれでもかってくらい腫れてて
すぐに病院に行きました

32 好きなテレビ番組は？

バラエティ！
『水曜日のダウンタウン』
『月曜から夜ふかし』
をよく見ます

33 今後やってみたい髪色は？

真っ白か金髪

34 涙腺は弱い方ですか？

めったに泣かないです

35 男女の友情は成立すると思う？

これこの前友達と議論したばっかり！(笑)
結論 "する人もいれば しない人もいる"

36 よく使う絵文字

😂

37 LINEは何件たまってる？

二件。
しかも一件は
LINEニュースでした…

38 肉派？　魚派？

肉派！

39 春夏秋冬どれが好き？

寒いけど冬

40 ついに40問目！ 今の気持ちは？

順調！　結構スムーズに
さくさく進んでる気がする

41 五感はどれが優れていると思う？

全部悪い(笑)。

42 もし宝くじで一億円当たったらどうする？

郊外に家を買って
ワンコと暮らしたい

43 今変身できますか？

できま…せん！(笑)ｗｗ

44 初デートどこに行きますか？

夜景が見えるレストランとか…？
相手が犬好きなら犬カフェもいいなー！

45 一発ギャグできますか？

余裕です！
4個くらい持ちネタがあります（ここで披露）

46 今一番手に入れたい能力は？

お芝居がとんでもなくうまくなる力！

47 ここで一つ秘密をどうぞ！

ゴルフを始めました！
スコアは今94で、90を下回れるように頑張ってます

48 色白を保つ秘訣は？

特には… でも日焼け止めが苦手なので
夏でも長袖を着たりします

49 憧れの人を教えて

じいちゃん。
今年で93か94
なんですけど
まだ働いてるんです。

50 座右の銘は？

常に笑顔！☺

初めて語る、僕のこと——

6年前、営業マンとして過ごしていた日々がオーディション合格後に一変。
時には壁にぶつかりながら、自らの可能性に賭けてきた青木さんが、
これまでの人生とこれからの未来についてたっぷりと語ってくれた。

わんぱくだった少年は アルバイトにのめり込む

小さいころの僕は明るく好奇心旺盛で、室内にこもっているよりも外で友達と秘密基地を作って遊ぶようなわんぱくな子供でした。姉、僕、弟の三人兄弟で、弟とは常にけんかをしていたし、姉も強かったので殴り合いに発展することもしばしば(笑)。今思えば、ちょっとやんちゃな部分もあったかもしれません。小学校、中学校に上がっても根本的な部分は変わらず、人見知りをすることもなく誰とでも話せるタイプだったので、自分から積極的に話しかけて友達を作っていきました。当時からスポーツが好きで、野球やバスケットボールをすることも多くて。常に体を動かしていたような気がします。

高校生になってようやく“そろそろ大人にならなければ”と気づいたのか、性格的にも少し落ち着いてきて。高校二年生のころに始めたのがコールセンターのアルバイトでした。16、17歳の年齢だとファミレスやファストフード店で働くほうが多いと思うんですが、僕がコールセンターを選んだ決め手は時給の良さ(笑)。業務内容に興味があったわけではなく、いずれ大学に進学したいと考えていたので、学費を稼ぐためにお給料を重視していました。ほかにも居酒屋やレストランのウエイターを掛け持ちしていましたが、中でも一番熱を注いでいたのがコールセンターだったんです。始めてから3か月目くらいまでは全く成績が伸びなくて、子供ながらにどうすればいいんだろう？と考える日々でした。分厚いマニュアルを家に持ち帰ってひと通り覚えて、受け答えが定型文にならないように自分なりの言い回しに変えたり、お客様からの受注を増やすための方法を常に模索して。学業以上にのめり込んでいたと思います。そうこうしているうちに、4か月目くらいから徐々に成績が上がってきて。働くことの大変さを知るとともに、やりがいを感じられるようになりました。

AO入試で挑んだ大学受験は、コールセンターで培ったコミュニケーション能力が生かされたのか、面接官との会話が予想以上に弾んで。サラリーマンの方が使うようなアタッシェケースを持って行ったことがつかみとなり、これまでの経歴や自分の強みを堂々と話せたような気がします。大学進学後は、インターネット回線などの販売代理店で営業のアルバイトを始めて、ここでも最初は苦戦しましたが“売り上げを伸ばすためにはどうしたらいいのか”を突き詰めていけばいくほど楽しくなって。社内トップに上り詰めたときは本当にうれしかったですね。

一度は引退を決意するも “テニミュ”が転機に

将来的にもこのまま営業マンとしての道を進もうと考えていたある日、友達から「こういうオーディションがあるんだけど、一緒に受けてみない？」と『BoysAward Audition』に誘われて。正直、興味は全くなかったんですが、賞金と旅行券が欲しくてダメ元で受けることにしました。当時は何がなんだか分からないまま事が進んでいって、いつの間にか合格していたような感覚で。1万人以上の応募者の中から選んでいただきうれしさはありつつも、“デビューしてこのドラマに出られます！”といった明確な保証もなかったので、実感が湧かなかったんです。それより“この先どうなるんだろう？”という漠然とした不安のほうが大きかった気がします。合格後は、オーディションで一緒だったメンバーたちとイケ家！というダンスやよさこいを踊るグループに所属したのですが、この時点ではまだ活動について両親に話していなくて。隠すつもりはなかったものの、心のどこかで不安にさせたくないという気持ちがあったのかもしれません。それから一年弱グループの一員として活動していく中で、たくさんの経験をさせていただきました。でも、自分がやりたいことが何なのか分からなくなってしまい、当時のマネージャーさんに「卒業して営業職に就こうと思います」と相談したときに、劇団4ドル50セントのオーディションを薦めていただいて。正直迷いもありましたが、せっかくこの業界に足を踏み入れたからにはもう少し続けてみようと自分の可能性に賭けることにしたんです。

僕はこれまでお芝居の経験が全くなくて、右も左も分からない状態でスタートしたので、入団後のレッスンでは「周りより頭一つ抜けてやるぞ！」と、とにかく必死でした。両親や友達にもこのタイミングで報告して、一劇団員、一俳優として生きていく覚悟を決めた時期でもあったと思います。一日でも早く何か物にしないといけない。そう決めて努力を続けていたところで、ミュージカル「テニスの王子様」3rdシーズンのオーディションを受けるチャンスが巡ってきました。でも、当時の僕にはまだこれといった武器がなくて。周りのみんなは歌やダンス、アクロバットといったアピールできるものがあるのに自分には何もない。じゃあ今できることってなんだろう？と考え抜いた結果、たどり着いたのがまたしても“しゃべり”でした。ここでも自己アピールや営業時代の実績などをとにかくテンポよく話して(笑)。三次審査くらいまではしゃべりだけで突き通しました。一発勝負で覚え立ての何かを披露したりするよりも、素直な言葉で思いを伝えることが僕自身を理解してもらうための一番の方法だと思ったんです。合格して手塚役を演じると決まったときは、うれしさと同時にこれから進む道の先にほんの少し光が差したような気がして。「ここでの頑張り次第で、俳優として芽が出始めるかもしれない」と希望を持つことが

できました。とはいえ、本格的に舞台に立つのは初めてだったのでとにかく大変なことばかり。特にダンスに関しては未経験だったので、〝振り付けってどこからどう覚えればいいの!?〟という状態でした。やっと全部振り付けを覚えて踊れたと思っても、今度はお客様からの見え方を意識しないといけない。舞台袖に捌けるまで、つまりお客様の目に映る全ての瞬間がパフォーマンスなので当然のことではあるのですが、当時はそれすらも分からず…。踊り終わって立ち位置から袖まで気を抜いて歩いていたら「ダラダラするな！　ちゃんとやれ！」と注意されてしまうことも多々ありました。あと、僕が演じた手塚は左利きだったので劇中では左手でラケットを持ちながら踊らなければならなかったんです。でも、レッスンのときは右利き用の振り入れしかなかったので、鏡で見ながら左利きの形に自分で落とし込んでいって。時間がない中で全体的な効率を考えると仕方ないことなのですが、これがまた大変でした。リョーマ役の（阿久津）仁愛と一緒に居残り練習をして、何度も何度も踊りながら振りを体に叩き込んでいったことは昨日のことのように思い出せます。人気漫画原作で不動の人気を誇るキャラクターを演じることのプレッシャーを感じながら、朝から晩まで役に没頭する日々の中で、小さな努力の積み重ねによって昨日できなかったことができるようになっていたりすると自信につながって。共に頑張る仲間がいたからこそ乗り越えられたし、来ていただいたお客様から「よかったよ」という感想を頂けたことも舞台に立つ上での励みになっていました。僕の人生のターニングポイントを挙げるとするなら、間違いなく「テニスの王子様」を選びます。ここでの経験がなければ今こうして俳優を続けていなかったかもしれないというくらいお芝居のイロハを学ばせていただきましたし、〝ここまで頑張ったんだから、次につなげたい〟と映像作品に出演するという新たな目標を持つこともできました。

ライダーの夢をかなえるも自分の未熟さを痛感

そしてその目標をかなえるための第一歩が、『仮面ライダーセイバー』のオーディション。「テニス〜」を経験してほんの少し自信がついてきていたものの、映像というまた違ったジャンルに挑戦することに対しての不安は少なからずありました。僕は外見の印象からなのか、いつでもどっしりと構えているように見られがちなのですが実は意外と緊張しいで。特に大事なオーディションの前は「ヤバい、大丈夫かな」と焦ってしまうんです。特に演技審査がある日は焦りがちで。落ち着きを取り戻すために、本番の2〜3時間前から会場の近くにある公園で声を出して台本を読むようにしていました。カフェだと声が出せなかったり、台本を開くにも人目が気になったりしてしまうのですが、公園だと人目を気にせず練習できたんです。特にセイバーのオーディション会場の近くにある公園は全然人が来ない穴場で。本番前はそこでいつも練習していたのを鮮明に覚えています。ちなみにこのルーティンは今でも続けています。公園での復習が功を奏したのか、オーディションに合格して夢だった仮面ライダーになることができたときは「よっしゃ！」と思わずガッツポーズ。実は4〜5歳のころ、〝夢お絵描き〟というテーマで「仮面ライダーになりたい」という絵を描いたことがあって。「小さいころの夢、かなってるじゃん！」と感慨深い気持ちにもなりました。一つの作品として楽しんでもらうだけでなく、僕が幼少期に『仮面ライダー龍騎』などを見て影響を受けたように、僕がお芝居をする姿を見て今の子供たちにも影響を与えられる存在にならなければと強く思って

いました。でも、思いだけではそう簡単にいかないのが現実で。念願だった映像の世界は、舞台とはまた違った厳しさがありました。発声の仕方からリアクションの取り方まで、画面越しに伝えることを意識しなければならないのでアプローチの仕方が全く違うんです。時にはうまくいかなくてもどかしくなるときもあったし、舞台でついた自信はどこへ行った？　となるくらい、つらくなる時期もありました。物語の重要なシーンに関しては、石田（秀範）監督と上堀内（佳寿也）監督が担当してくださっていたのですが、お二人は細かいところまで見てくださっていて良くも悪くもストレートに指摘してくださるので、自分の未熟さを痛感するんです。でもお二人のうそのない真っすぐな言葉を信じて突き進んでいくうちに、自分のお芝居への取り組み方が変わって行ったような気がします。また、秀（内藤秀一郎）をはじめとしたキャストのみんなの存在も大きかったです。一つの役を一年間かけて演じていくのはライダー作品ならではだと思うのですが、キャラクターと同様に撮影を通して俳優自身も成長していくんですよね。その変化を間近で見ているからこそ「あいつも頑張ってるし、僕も頑張らなきゃ」と刺激を受けるんです。セイバーファミリーは同じ作品を作る良き仲間であり良きライバルでもあって。お互いを高め合いながら過ごした時間は、僕にとって忘れることのできない青春のような日々でした。

『セイバー』出演後は〝ライダー出身俳優〟と紹介していただくことが多々あります。今でもそうですし、それは僕の誇りです。でもその肩書にすがり続けるわけにはいかないし、甘えてばかりではいられません。そんな中で新たな経験を積ませていただく機会となったのが、ドラマ『真犯人フラグ』の現場でした。『セイバー』では舞台と映像の違いを経験しましたが、本作では特撮とドラマの違いを知って。ここでも監督を中心にたくさん指導していただきました。『真犯人〜』ではいかに普通の日常を表現するかが大切だったのですが、僕はどうしても大げさに動いてしまう癖が付いていたみたいで。確かに指摘を受けてモニターで見直してみると、日ごろこんなオーバーなリアクションする人ってそうそういないよなって思うくらい(笑)。ドラマという架空の世界ではありながらも、いかにリアリティをもって演じられるかが視聴者の共感につながるんだなと思いました。

ファンという柱がある限り
カメラの前に立ち続けたい

その後も『あざとくて何が悪いの？』のあざと連ドラなど、定期的にお芝居をさせていただくようになり、俳優歴は今年で6年目になりました。ここまで続けられた理由は、純粋にお芝居が楽しいと思えるようになったから。役を通して自分ではない人の人生を生きられることにやりがいを感じますし、その人がどんな性格でどういう意図でこのせりふを言っているのかなどを突き詰めていくと、「なるほど、こういう考え方もあるのか」と自分自身の価値観も広がっていく。その過程がすごく面白いんです。あと、現場ごとにいろいろなスタッフさんやキャストの皆さんがいらっしゃって、人との出会いも多いのでとても刺激も多いです。お芝居だけでなく、人と接する中でも学びが多くて充実した時間が過ごせています。

もちろん、俳優を続ける上でファンの方の存在も大きいです。僕は皆さんが思っている以上に皆さんのことを考えているし、いつも本当に感謝しています。ファンの人をひと言で表すなら〝柱〟。例え、一人、二人…一本、二本でもいいんです。僕のお仕事が決まったときに喜んでくれる人がいるということだけで励みになりますし、このお仕事は自己満足では決して成り立たないので。青木瞭という俳優がカメラの前や舞台の上に立てているのは、皆さんという柱が支えてくれているからこそ。よく、イベントなどで「頑張ってください」と言ってもらえることが多いんですが、数ある言葉の中でそれが一番うれしいんです。一見すると何気ないひと言のように聞こえるかもしれません。でも、この職業においてそれを言われなくなってしまったら終わりだと思っています。きれいごとではなく、皆さんの応援のおかげで〝また新しい作品に出られるように頑張ろう〟という気持ちになるし、〝もっとできるよ〟と発破をかけられている感じがして気合が入ります。

星の数ほどいる俳優の中で、僕の一番の強みを挙げるならとにかくポジティブなこと。例えオーディションに落ちたとしても、落ち込むことなく「よし、次行こう！」とすぐに切り替えることができます。真剣に挑んだ分、悔しい気持ちはゼロではないけど、僕にはヘコんだりくよくよしている時間はありません。なぜならファンの皆さんという待ってくれる存在がいて、かなえたい夢があるから。少し前までは〝○○さんのような人になりたい〟と具体的な名前を挙げてお話させていただくこともありましたが、そうしてしまうとその人に考え方やお芝居が似てしまい、僕の個性が出せないような気がしていて。今は、この人といった明確な存在を目標とするよりも、お芝居で人を何かを与えられる俳優になりたいと思っています。〝今のシーン良かった〟と言ってもらえるような心を揺さぶる演技で感動を与えたり、僕のお芝居を見て俳優を志したいと思ってもらえるような夢を与えたり。絶えず与え続けられる人でありたいです。そのためには〝青木瞭といえば、こうだよね〟といった形にはまることなく挑戦を続けていきたい。僕を必要としてくれて、支えてくれる柱がある限り。

STAFF LIST

撮影　干川 修

スタイリング　OBU-

ヘアメーク　小浜田吾央

デザイン　ma-hgra

文・編集　矢島百花

アーティストマネジメント　大野莉穂
（エイベックス・AY・ファクトリー合同会社）

衣装協力

浅草着物レンタル愛和服（03-6231-7232）

VU、VUy（JOYEUX 03-4361-4464）

男の着物 藤木屋（03-5830-6355）

SYMPATHY OF SYMPATHY OF SOUL、
Suman Dhakhwa（S.O.S fp 恵比寿本店 03-3461-4875）

PRDX PARADOX TOKYO
（MUZE GALLERY 03-6416-4217）

BJ CLASSIC COLLECTION
（Eye's Press 03-6884-0123）

#Re:room（03-6712-6102）

初めまして、青木瞭です。

2023年3月31日　第1刷発行

発行人　松井謙介
編集人　笠置有希子
発行所　株式会社　ワン・パブリッシング
〒110-0005　東京都台東区上野 3-24-6

印刷所　　大日本印刷株式会社
製本所　株式会社若林製本所

●この本に関する各種お問い合わせ先
内容等のお問い合わせは、下記サイトの
お問い合わせフォームよりお願いします。
https://one-publishing.co.jp/contact/

不良品（落丁、乱丁）については、Tel 0570-092555
業務センター
〒354-0045　埼玉県入間郡三芳町上富 279-1

在庫・注文については書店専用受注センター
Tel 0570-000346

ワン・パブリッシングの書籍・雑誌についての
新刊情報・詳細情報は、下記をご覧ください。
https://one-publishing.co.jp/

撮影協力

P31-36
大型犬カフェ GRAND MOU ≪ぐらんむー≫
〒270-2214 千葉県松戸市松飛台 145-10

P37-41
ROAR COFFEEHOUSE & ROASTERY
〒104-0032 東京都中央区八丁堀 2 丁目 19-11

P55-61
浅草花やしき
〒111-0032 東京都台東区浅草 2 丁目 28-1